CD-ROM付き

税理士が知っておきたい

議事録・契約書の実務

辻・本郷税理士法人 ◆監修
櫻井・佐久間・新藤法律事務所 ◆著

清文社

監修のことば

　中小企業や個人の方と日々接していると、様々な問題に直面します。例えば、子会社に対して土地を貸したい、代表取締役に対して資産を売却したい、株主から会社が株式を自己株式として買い取りたい、事業承継の一環として後継者に株式を贈与したい等といったことです。

　税理士としては、これらの諸問題を、主に税務の観点からアドバイスをします。資産の売却であれば売却した側にこれくらい税金がかかるか等、自己株式の取得であれば取得する会社や売却する株主に対する税務上の取扱いがどうなるか等について説明をします。

　しかし、単に税金の計算や税務の取扱いを納税者に説明するだけで終わる場合は実はあまり多くありません。例えば、「資産の贈与をしたいが契約書のひな形を見せてほしい」、「減資をしたいがどのような手続きをすればよいのか教えてほしい」等といった、税務以外のアドバイスが求められることが多いのが現実です。もちろん、必要最低限のことは概要だけでも説明するよう努力しますが、特に法律面でのアドバイス等は能力的に難しい場合も多く、また弁護士法に抵触しないようにする必要もあるため非常に神経質になることもあります。

　本書にて取り上げた議事録と契約書も、取引や行為をするにあたって、その作成が避けては通れないことが実務上、非常に多い反面、法的な知識が必要とされることから税理士が的確なアドバイスをすることが難しい内容の1つです。

　書店に行くと、議事録や契約書に関する有益な書籍はたくさんありますが、それぞれが1冊で相当なボリュームがあり、税理士として納税者に対して必要最低限のアドバイスを行うために簡単に参照できるものはあまりないように思います。そこで、議事録や契約書を税理士が直面する機会が多いものに絞って1冊にまとめた本があればきっと重宝するに違いないと思ったことが、本書ができるきっかけになりました。清文社の折原容子さんと新刊本についてのアイデアを協議しているなかで、このような思いを打ち明けたとこ

ろ、櫻井喜久司先生、新藤えりな先生、佐久間幸司先生をご紹介頂き、本書がようやく実現に至りました。

　本書の特徴は、議事録と契約書が1冊にまとまって解説されていること、単に書式だけを掲載するのではなく、法的な側面からの基本的な解説が随所に見られることにあると思います。本書があれば、少なくとも納税者に対して最低限のアドバイスをすることが可能になると同時に、基本的な法律知識を習得することも可能と思われます。

　最後になりましたが、お忙しいところ本書の執筆にお時間を割いていただきました櫻井喜久司先生、新藤えりな先生、佐久間幸司先生、そして清文社の折原容子さんに感謝を申し上げます。本書が税理士の実務に少しでもお役に立てれば幸いです。

　　平成23年4月

辻・本郷税理士法人
税理士 安積　健

はじめに

　税理士の先生方が中小企業の税務顧問をご担当される場合に、税務以外にも、株主総会や取締役会の議事録あるいは取引先との契約書等について簡単なアドバイスを求められることがよくあります。弁護士の立場から言うと、そういう場合こそ、ぜひ弁護士に相談して欲しい、と言いたいところです。しかし現実問題として、身近に相談できる弁護士がいない多くの中小企業の経営者の方々にとっては、顧問税理士の先生方が頼りであり、顧問税理士の先生方に対して議事録や契約書に関する基本的なヒントやアドバイスを求めたいという気持ちになるのは無理もありません。

　税理士の先生方からすると、法律の話は弁護士に聞いてください、と答えるのも1つの方法であるとはいえ、顧問先との信頼関係を考えると、なかなかそこまで踏み切れないというのが本音ではないでしょうか。かといって、不十分な法律知識に基づいて誤った対応をしたためにトラブルになっては本末転倒です。

　本書は、複雑な法律問題については改めて弁護士に相談するとしても、とりあえず目の前の顧問先に対して、基本的な説明はしたいと思っている税理士の先生方のお役に立つことを主眼として、議事録と契約書に関する法律的な基礎知識をわかりやすく解説したものです。議事録や契約書の作成方法や法律的問題点等を高度に議論した書物や書式集は多々ありますが、本書はこれらの類書とは異なり、議事録、契約書に関する基礎の基礎、最低限これだけは知って欲しいというベーシックなポイントに絞って簡潔にまとめたものです。

　本書の構成は、大きく議事録編と契約書編に分け、議事録編では株主総会議事録と取締役会議事録を中心に扱い、契約書編では日常取引で重要な契約をピックアップしています。また、作成のポイントをわかりやすく解説するとともに、記載例や書式を掲載して実務の参考になるように工夫しました。

　上述のように、本書は、主として税理士の先生方の日常業務にお役に立つことを企図していますが、それにとどまらず、中小企業の経営者の方々、お

仕事で議事録や契約書を取り扱う機会の多い方々等幅広い分野の皆様にとっても、議事録と契約書の基本をマスターするために必ずやお役に立つものと自負しております。

　本書の執筆にあたっては、辻・本郷税理士法人の安積健先生には税理士の観点からの監修作業をご担当して頂き、また、清文社編集第三部の折原容子氏には企画段階から多大なご尽力とご支援を頂きました。心から感謝し厚く御礼申し上げます。

　　平成23年4月

弁護士　櫻井喜久司
弁護士　新藤えりな
弁護士　佐久間幸司

目次

議事録編

第1章 概論 2
1 本編＜議事録編＞の構成 2
2 議事録作成の必要性と議事録作成上の一般的注意点 2
3 株主総会の議事録 3
【定時株主総会議事録の標準的な書式サンプル】.......... 4
4 取締役会の議事録 6
【取締役会議事録の標準的な書式サンプル】.......... 7

第2章 株主総会 10
1 取締役の報酬 10
【取締役に対する報酬支給の記載例】.......... 10
2 取締役および監査役の賞与 12
【取締役および監査役に対する賞与支給の記載例】.......... 12
3 取締役および監査役の退職慰労金 13
【退任取締役および退任監査役に対する退職慰労金支給の記載例】.......... 13
4 自己株式の取得（その1）.......... 15
【株主との合意による自己株式の取得の記載例】.......... 15
5 自己株式の取得（その2）.......... 16
【相続人から自己株式を取得する場合の記載例】.......... 16
6 自己株式の消却 18
【自己株式消却の記載例】.......... 18
7 増資（第三者割当）.......... 19
【募集株式（第三者割当）の記載例】.......... 19
8 増資（株主割当）.......... 21
【募集株式（株主割当）の記載例】.......... 21
9 減資 23
【資本金の額の減少の記載例】.......... 23

10	資本準備金等の減少 24
	【資本準備金の額の減少の記載例】......... 24
11	会社の解散 25
	【解散の記載例】......... 25
12	吸収合併 27
	【吸収合併（存続会社）の記載例】......... 27
13	吸収分割 28
	【吸収分割（承継会社）の記載例】......... 28
14	株式交換 29
	【株式交換（完全子会社）の記載例】......... 29
15	株式移転 30
	【株式移転の記載例】......... 30
16	事業譲渡等 31
	【事業の重要な一部の譲渡契約承認の記載例】......... 31
17	事業の譲受け 32
	【事業の全部の譲受契約承認の記載例】......... 32

第3章　取締役会 34

1	取締役の報酬 34
	【取締役の月額報酬の額決定の記載例①】......... 34
	【取締役の月額報酬の額決定の記載例②】......... 35
2	取締役の賞与 36
	【取締役の賞与決定の記載例】......... 36
3	取締役の退職慰労金 36
	【取締役の退職慰労金支給の記載例】......... 36
4	自己株式の取得 38
	【株主との合意による自己株式の取得の記載例】......... 38
5	株式の消却 39
	【株式消却の記載例】......... 39
6	増資（第三者割当） 40
	【第三者割当による募集株式割当ての記載例】......... 40

7	譲渡制限株式の譲渡承認（その1）	41
	【譲渡制限株式の譲渡の承認の記載例】	41
8	譲渡制限株式の譲渡承認（その2）	42
	【譲渡制限株式の取得の否決と買取人の指定の記載例】	42
9	重要な財産の処分（その1）	44
	【不動産売買の記載例】	44
10	重要な財産の処分（その2）	45
	【貸付の記載例】	45
11	多額の借財	46
	【借入の記載例】	46
12	重要な財産の譲受け	47
	【株式譲受けによる子会社化の記載例】	47
13	利益相反取引	47
	【利益相反取引（直接取引）承認の記載例】	47
14	簡易合併	49
	【簡易合併（存続会社）の記載例】	49
15	社債の発行	50
	【社債発行の記載例】	50

契約書編

第1章　概論 54
1　本編＜契約書編＞の構成 54
2　契約書作成の意味 54
3　契約書作成上の一般的な注意点 56
　　【契約書の基本的スタイルの書式サンプル】 56

第2章　不動産

1. 不動産売買 66
   【不動産売買契約書サンプル】......66
2. 使用貸借 73
   【使用貸借契約書サンプル】......74
3. 土地賃貸借 78
   【土地賃貸借契約書の標準的な書式サンプル】......78
   【定期借地権設定契約書サンプル】......80
4. 建物賃貸借 85
   【建物賃貸借契約書サンプル】......85

第3章　貸し借り

1. 金銭消費貸借 94
   【金銭消費貸借契約書サンプル】......94
2. 債権譲渡 98
   【債権譲渡契約書サンプル】......98
3. 債務引受 103
   【免責的債務引受契約書サンプル】......103
   【重畳的債務引受契約書サンプル】......105
4. 債務免除・債権放棄 109
   【免除の書式サンプル】......110
5. 抵当権設定契約 112
   【抵当権設定契約書サンプル】......112
6. 代物弁済 116
   【停止条件付代物弁済契約書サンプル】......116
7. 相殺 120
   【相殺通知書サンプル】......121
   【相殺契約書サンプル】......122

第4章 その他 128

1 株式譲渡 128
　【株式譲渡契約書サンプル】..........128
2 組織再編 132
　【吸収合併契約書サンプル】..........133
3 贈与 139
　【贈与契約書サンプル】..........139
4 遺産分割協議書 143
　【遺産分割協議書サンプル】..........143
5 遺言書 146
　【自筆証書遺言サンプル】..........147
　【公正証書遺言サンプル】..........148
　【相続分を指定する場合の文面サンプル】..........150
　【全財産を相続させる場合の文面サンプル】..........150
　【不動産を相続させる場合の文面サンプル】..........150
　【代償金の支払をさせる場合の文面サンプル】..........151
　【遺産分割の禁止をする場合の文面サンプル】..........151
　【特定の相続人を廃除する場合の文面サンプル】..........151
　【遺産の全て或いは配分割合を指定する場合の文面サンプル】..........151
　【特定の遺産を指定する場合の文面サンプル】..........151
　【遺言執行者を指定する場合の文面サンプル】..........152
　【葬式・法事等の主宰者を指定する場合の書式サンプル】..........152

付属CD-ROMについて

　本製品はWindowsとMacintoshで閲覧可能なハイブリッド版CD-ROMです。動作環境としては、下記性能を持ったパソコンにおいて使用されることをお勧めいたします。

【動作環境】

Windows
- OS（基本ソフトウェア）：Microsoft Windows XP/Vista/7（日本語版）
- CPU：Pentium プロセッサ以上
- メモリ：126MB以上
- 使用ソフトウェア：Internet Explorer6以上、Microsoft Word2000以上

Macintosh
- OS（基本ソフトウェア）：Mac OS 10.2以上
- 使用ソフトウェア：Safari、Microsoft Word2001 for mac以上

その他
- モニター：1024×768pixel以上、256色以上
- CD-ROMディスクドライブを内蔵または接続していること

- Windowsは米国Microsoft Corporationの米国およびその他の国における登録商標です。その他の本文中で使用する製品名等は、一般的に各社の商標または商標登録です。
- 本文中では、Copyright、TM、Rマーク等は省略しています。
- 本製品に起因する直接、間接のいかなる損害についても、著作権者および当社は一切の責任を負いません。

議事録編

第1章 概論

1 本編＜議事録編＞の構成

　まず本章では、株主総会議事録と取締役会議事録の作成に関する法律上のルールおよび議事録作成上の一般的な注意点を説明した上で、定時株主総会議事録と取締役会議事録の標準的な書式サンプルをご紹介します。

　次に第2章では、株主総会の各議案に応じた議事録の記載事項を、そして第3章では、取締役会の各議案に応じた議事録の記載事項をご紹介します。

2 議事録作成の必要性と議事録作成上の一般的注意点

1 議事録作成の必要性

　取締役会を設置している株式会社の場合、株主総会が法律および定款に規定した事項について決定し（会社法295条2項）、取締役会が重要な業務執行事項について決定する（会社法362条4項）という制度設計になっています。そして、株主総会や取締役会を開催した場合、法律上、議事録の作成が要求されています（会社法318条1項、369条3項）。

2 議事録作成上の一般的注意点

　それでは、議事録は何を記載してどのように作成すべきでしょうか。この点、法は、議事録の作成方法や記載内容について詳細に規定しています（会

社法施行規則72条、101条)。
　したがって、議事録を作成する場合にまず注意すべき点は、法の要求に従った議事録を作成する、という点です。
　ところで法は、議事録に議事の内容を記載する場合、「議事の経過の要領及びその結果」を記載すれば足りると規定しています（会社法施行規則72条3項2号、101条3項4号）。つまり、議事録には、速記録のように出席者の発言等を詳細に再現する必要はないのです。
　そこで、議事録作成上の2つ目の注意点としては、「議事の経過の要領及びその結果」の記載内容を工夫する、という点が挙げられます。

3　株主総会の議事録

1　会社法施行規則72条

　株主総会議事録の作成方法や記載内容については、会社法施行規則72条が詳細に規定しています。要点は、次のとおりです。
（1）議事録の作成は、書面または電磁的記録をもって作成することが必要です（同条2項）。
（2）議事録の内容については、次の記載が必要です（同条3項）。
　① 開催日時
　② 開催場所（当該場所に存しない取締役等が出席した場合の出席方法を含む）
　③ 議事の経過の要領およびその結果
　④ 会計参与等の意見等があるときはその内容の概要
　⑤ 出席取締役等の氏名または名称
　⑥ 議長の氏名
　⑦ 議事録作成担当取締役の氏名
（3）株主全員の同意に基づく総会決議省略・総会報告省略の場合（会社法319条、320条）の議事録記載事項についても規定があります（会社法施

行規則72条4項)。

2　議事の経過の要領及びその結果

　上記のとおり、株主総会の議事に関しては、「議事の経過の要領及びその結果」を記載すればよいので、原則として、質問株主の名前や発言内容を詳細に明記する必要はありません。

　ただし、実務上の工夫としては、後日のトラブルが予想される場合（特殊株主の発言等）や重大案件の場合には、後日の紛争等に備えて予め証拠を残しておくために、誰が何を発言したかを詳細に明記する必要がある場合もあります。どの程度まで記載するかの判断は、法的問題も関係するので、弁護士にチェックを依頼するとよいでしょう。

3　定時株主総会議事録の標準的な書式サンプル

　定時株主総会の標準的な議事録の書式サンプルを、以下にご紹介します。

【定時株主総会議事録の標準的な書式サンプル】

第○○回定時株主総会議事録

　平成○○年○○月○○日（○曜日）午前○○時○○分から、東京都○○区○○1丁目2番3号当社会議室において、第○○回定時株主総会を開催した。　※1

　　議決権を行使することができる株主の数　　　　○○名
　　議決権を行使することができる株主の議決権の数　○○○個
　　出席株主の数（書面投票者、電子投票者、委任状提出者を含む）
　　　　　　　　　　　　　　　　　　　　　　　○○名
　　出席株主の議決権の数　　　　　　　　　　　○○○個

　　出席取締役の氏名　※2
　　　○○○○、○○○○、○○○○、○○○○、○○○○

4　議事録編

行規則72条4項)。

2 議事の経過の要領及びその結果

　上記のとおり、株主総会の議事に関しては、「議事の経過の要領及びその結果」を記載すればよいので、原則として、質問株主の名前や発言内容を詳細に明記する必要はありません。

　ただし、実務上の工夫としては、後日のトラブルが予想される場合（特殊株主の発言等）や重大案件の場合には、後日の紛争等に備えて予め証拠を残しておくために、誰が何を発言したかを詳細に明記する必要がある場合もあります。どの程度まで記載するかの判断は、法的問題も関係するので、弁護士にチェックを依頼するとよいでしょう。

3 定時株主総会議事録の標準的な書式サンプル

　定時株主総会の標準的な議事録の書式サンプルを、以下にご紹介します。

【定時株主総会議事録の標準的な書式サンプル】

第〇〇回定時株主総会議事録

　平成〇〇年〇〇月〇〇日（〇曜日）午前〇〇時〇〇分から、東京都〇〇区〇〇1丁目2番3号当社会議室において、第〇〇回定時株主総会を開催した。　※1

　議決権を行使することができる株主の数　　　〇〇名
　議決権を行使することができる株主の議決権の数　〇〇〇個
　出席株主の数（書面投票者、電子投票者、委任状提出者を含む）
　　　　　　　　　　　　　　　　　　　　　　〇〇名
　出席株主の議決権の数　　　　　　　　　　　〇〇〇個

　出席取締役の氏名　※2
　　〇〇〇〇、〇〇〇〇、〇〇〇〇、〇〇〇〇、〇〇〇〇

社法施行規則72条、101条)。

　したがって、議事録を作成する場合にまず注意すべき点は、法の要求に従った議事録を作成する、という点です。

　ところで法は、議事録に議事の内容を記載する場合、「議事の経過の要領及びその結果」を記載すれば足りると規定しています（会社法施行規則72条3項2号、101条3項4号）。つまり、議事録には、速記録のように出席者の発言等を詳細に再現する必要はないのです。

　そこで、議事録作成上の2つ目の注意点としては、「議事の経過の要領及びその結果」の記載内容を工夫する、という点が挙げられます。

3　株主総会の議事録

1　会社法施行規則72条

　株主総会議事録の作成方法や記載内容については、会社法施行規則72条が詳細に規定しています。要点は、次のとおりです。
（1）議事録の作成は、書面または電磁的記録をもって作成することが必要です（同条2項）。
（2）議事録の内容については、次の記載が必要です（同条3項）。
　① 開催日時
　② 開催場所（当該場所に存しない取締役等が出席した場合の出席方法を含む）
　③ 議事の経過の要領およびその結果
　④ 会計参与等の意見等があるときはその内容の概要
　⑤ 出席取締役等の氏名または名称
　⑥ 議長の氏名
　⑦ 議事録作成担当取締役の氏名
（3）株主全員の同意に基づく総会決議省略・総会報告省略の場合（会社法319条、320条）の議事録記載事項についても規定があります（会社法施

⑥ 特別利害関係を有する取締役の氏名
⑦ 競業取引・利益相反取引をした取締役等の意見等があるときはその内容の概要
⑧ 出席執行役等の氏名または名称
⑨ 議長の氏名

（3）取締役会決議省略・取締役会報告省略の場合（会社法370条、372条）の議事録記載事項についても規定があります（会社法施行規則101条4項）。

2　議事の経過の要領及びその結果

　株主総会の議事録と同様、取締役会においても議事に関しては、「議事の経過の要領及びその結果」を記載すればよいので、原則として、発言内容を詳細に明記する必要はありません。

3　取締役会議事録の標準的な書式サンプル

　取締役会の標準的な議事録の書式サンプルを、以下にご紹介します。

【取締役会議事録の標準的な書式サンプル】

定例取締役会議事録

　平成〇〇年〇〇月〇〇日（〇曜日）午前〇〇時〇〇分から、東京都〇〇区〇〇1丁目2番3号当社役員会議室において、〇月度定例取締役会を開催した。　※1

　　取締役総数　5名
　　出席取締役　代表取締役社長〇〇〇〇　※2
　　　　　　　　取締役　　　　　〇〇〇〇
　　　　　　　　取締役　　　　　〇〇〇〇
　　　　　　　　取締役　　　　　〇〇〇〇

第1章　概論　　7

　　　　　　　取締役　　　　○○○○
　　　　　　　　以上5名出席
　監査役総数　3名
　出席監査役　常勤監査役　○○○○　※2
　　　　　　　監査役　　　　○○○○
　　　　　　　監査役　　　　○○○○
　　　　　　　　以上3名出席

議事の経過の要領およびその結果　※3
　定刻、代表取締役社長○○○○が議長となり議長席につき、開会を宣した。議長は、本取締役会の全議案の審議に必要な定足数を満たしている旨を述べて、議事に入った。

　決議事項
　　第1号議案　　○○承認の件
　　　　議長は、○○承認の件を説明し、賛否を諮ったところ全員異議なくこれを承認した。
　　第2号議案　　○○の件
　　　　議長は、……
　報告事項
　　1　○○について
　　　　議長は、……について、次のとおり報告した。
　　　　　①　……

　議長は、以上をもって本取締役会のすべての議事を終了した旨を述べ、午前○○時○○分、閉会を宣した。
　上記を明確にするため、本議事録を作成し、出席取締役および出席監査役以下に記名押印する。　※4

　平成○○年○○月○○日　※5
　　　　○○○○株式会社
　　　　　　議長　代表取締役社長　○○○○　印　※6
　　　　　　　　　取締役　　　　　○○○○　印
　　　　　　　　　取締役　　　　　○○○○　印

	取締役	○○○○	印
	取締役	○○○○	印
	常勤監査役	○○○○	印
	監査役	○○○○	印
	監査役	○○○○	印

※1　開催日時、場所を記載します。

※2　法律上は、出席取締役、出席監査役の氏名の記載は要求されていませんが、出席取締役および出席監査役の氏名を記載するのが通例です。これは、出席取締役および出席監査役が署名または記名押印を義務付けられているからです（会社法369条3項）。

※3　議事の経過の要領およびその結果を記載します。

※4　出席取締役および出席監査役は議事録に署名または記名押印しなければなりません（会社法369条3項）。

※5　作成年月日を記載します。通常は開催日を作成日とします。なお、会社法上、議事録の作成期間のタイムリミットを直接定めた条文はありません。しかし、登記事項に変更が生じたときは2週間以内の変更登記が必要とされているため（会社法915条1項）、変更登記の添付書類として取締役会議事録が必要な場合（代表取締役の選定等）には、事実上、取締役会議事録作成のタイムリミットが2週間以内に限定される結果になります。

※6　登記申請の際、例外的に、出席取締役の署名がなくても受理される場合があります（出席取締役の過半数の署名がある場合等）。

第2章 株主総会

1 取締役の報酬

　ここからは、株主総会議事録の議案の具体例を挙げ、解説していきます。議事録全体の書式サンプルは4ページをご参照ください。

【取締役に対する報酬支給の記載例】

> 第〇号議案　第〇期取締役報酬支給の件
> 　議長は、本議案を上程し、取締役〇名に対し、報酬総額〇〇〇〇万円を支給したい旨および各取締役に対する金額は、取締役会の決定によることとしたい旨を説明し、議案の賛否を諮ったところ、出席株主の議決権の過半数の賛成をもって原案のとおり承認可決された。

POINT：
　取締役の報酬については、確定した金額を支払っている会社が多いと思います。株主総会の決議では、取締役全員の報酬総額を明示することで足り、個々の取締役の報酬金額を明らかにすることまでは要しません。

1　解説

　会社と取締役、監査役等の役員との関係は、一般に委任に関する規定に従います（会社法330条）。民法上、委任契約における受任者は無報酬が原則ですが（民法648条1項）、実務では、取締役や監査役は報酬を受けることが原則化しています。

取締役の報酬、賞与その他の職務執行の対価として会社から受ける財産上の利益（報酬等）について、次に掲げる事項は、定款に定めがないときは、株主総会の決議によって定める必要があります（会社法361条1項）。
　① 報酬等のうち金額が確定しているものについては、その額
　② 報酬等のうち金額が確定していないものについては、その具体的な算定方法
　③ 報酬等のうち金銭でないものについては、その具体的な内容

　実務上、①について金額を定款で定めることは少なく、また、株主総会で取締役ごとに報酬額を決議することもほとんどありません。株主総会においては、その総額の最高限度額を決議したうえ、各取締役への配分については、取締役会設置会社においては取締役会の決定（上記記載例）、それ以外の会社においては取締役の過半数による決定に委ねることが一般的です（前ページの記載例もこれにあたります）。いわゆる「お手盛り」防止の観点からは、このような決議で十分と考えられるためです。

　②は業績連動型報酬と呼ばれるもので、この場合には、その具体的な算定方法を記載することになります。

　③は報酬が現物給付でなされる場合等がこれにあたり、その具体的な内容を記載することになります。

　②および③の形態の報酬等を新設または改訂するときには、取締役は株主総会において、当該事項を相当とする理由を説明しなければなりませんので（会社法361条2項）、その説明についても議事録に留めることになります。

　なお、記載例は取締役に対する報酬のものですが、監査役の報酬等についても、定款にその額を定めていないときは、株主総会の決議によってこれを定めることになります（会社法387条1項）。監査役が2人以上いるときは、株主総会において、報酬等の総額を示せば足り、各監査役の報酬は監査役の協議により定まることになります（会社法387条2項）。

　また、監査役は、株主総会で監査役の報酬等について意見を述べることができるため（会社法387条3項）、意見が述べられたときは、その内容の概要を議事録に記載することが必要です（会社法施行規則72条3項3号ヘ）。

2　決議方法

 取締役および監査役に対する報酬の支給に関する決議は、普通決議によって行います。普通決議は、定款に別段の定めがある場合を除き、議決権を行使することができる株主の議決権の過半数を有する株主が出席し、出席した当該株主の議決権の過半数をもって行います（会社法309条１項）。

 実務では、定款に別段の定めをおいて、定足数を排除し、出席株主の有する議決権の過半数の賛成をもって普通決議を行っている会社が多くあります（前ページの記載例もこれによっています）。

2　取締役および監査役の賞与

【取締役および監査役に対する賞与支給の記載例】

> 第○号議案　第○期役員賞与支給の件
> 議長は、本議案を上程し、当期の業績等を勘案して、当期末時点の取締役○名および監査役○名に対し、役員賞与総額○○万円（取締役分○○万円、監査役分○○万円）を支給したい旨、ならびに、各取締役および各監査役に対する金額は、取締役会については取締役会の決定に、監査役については監査役の協議によることとしたい旨を説明し、本議案の賛否を諮ったところ、出席株主の議決権の過半数の賛成をもって原案どおり承認可決された。

POINT：

> 取締役および監査役への賞与の支給についても、報酬と同様、個々の取締役等への支給額まで明らかにする必要はありません。ただし、取締役と監査役の賞与等を一括して決議することは避けるべきです。

1　解説

 取締役および監査役に対して支給される賞与は、「報酬等」の１つとされ

ているため、定款に定めのない場合は、株主総会の決議によって定めることになります（会社法361条1項、387条1項）。

　株主総会において総枠を決議しておけば、個々の取締役および監査役に対する報酬等の額の決定については、別途、株主総会の決議を経る必要はありません。

　また、取締役からの独立性確保の観点から、監査役の報酬等については、株主総会において取締役の報酬等と一括して決議することは認められないと解されており、記載例のように取締役の総額と監査役の総額を明示して、決議するのが多いようです。

2　決議方法

　賞与は報酬等の1つであるため、役員への賞与の支給に関する決議は、報酬支給の場合と同じく、普通決議で足ります（会社法309条1項）。

3　取締役および監査役の退職慰労金

【退任取締役および退任監査役に対する退職慰労金支給の記載例】

> 第○号議案　退職取締役および退任監査役に対する退職慰労金支給の件
> 　議長は、本議案を付議し、本定時株主総会終結の時をもって取締役を退任するA氏および監査役を退任するB氏に対し、それぞれ在任中の功労に報いるため、当社の定める一定の基準に従い相当額の範囲内において退職慰労金を支給することとしたい旨、具体的な金額、支給の時期、方法等は退任取締役については、取締役会に、退任監査役については監査役の協議に一任願いたい旨、退任取締役および退任監査役の略歴は招集通知○頁記載のとおりである旨を説明した。
> 　その後、議長が本議案の賛否を議場に諮ったところ、出席株主の議決権の過半数の賛成をもって原案どおり承認可決された。

POINT：

> 退任取締役等への退職慰労金の支給については、支給基準を示し、具体的な金額等は取締役会の決議等に委ねるのが一般的であり、この点で、報酬や賞与の場合と異なります。

1　解説

　退職慰労金は、その在職中における職務執行の対価として支給されるものである限り、「報酬」に含まれますので（最判昭和39年12月11日）、この場合も、定款に定めのない限り株主総会の決議が必要となります（会社法361条1項、387条1項）。

　また、金額等の決定を無条件で取締役会や監査役の協議に一任することは許されませんが、退職慰労金の支給に関する基準を示し、具体的な金額、支払方法、支払時期等を取締役会の決議等に委ねることは可能です（報酬や賞与と異なり、退職慰労金については、その総額を明示しないのが一般的です。記載例はこれに拠っています）。

　役員への退職慰労金の支給に関して、株主から質問があった場合、議長は会社には役員退職慰労金規程があり、本店に備え置いて株主の閲覧に供していること、当該規程により、退任役員の退職慰労金の金額は一義的に算出できること、および本議案の対象となる退任役員についての計算式の概要等を説明することが必要であり、その説明を行った場合にはそれも議事録に記載することになります。

2　決議方法

　退職慰労金が報酬等に含まれる場合には、役員への退職慰労金の支給に関する決議は、報酬や賞与の支給の場合と同じく、普通決議で足ります（会社法309条1項）。

4　自己株式の取得（その１）

【株主との合意による自己株式の取得の記載例】

> 第○号議案　自己株式取得の件
> 　議長は本議案を上程し、株主との合意により、以下の１ないし３に記載の要領で当社の株式を有償取得したい旨を述べ、賛否を議場に諮ったところ、出席株主の議決権の過半数の賛成により承認可決された。
> 　１　取得する株式の数
> 　　　　○○株
> 　２　株式を取得するのと引換えに交付する金銭等の内容およびその総額
> 　　　　金銭により総額○○万円
> 　３　株式を取得することができる期間
> 　　　　平成○○年○○月○○日より平成××年××月××日

POINT：
> 　会社が株主との合意により株式を有償取得する場合には、剰余金の配当と同じく株主に対する財産分配の一形態となるため、株主総会の決議が必要となります。

1　解説

　会社法では、会社が自己株式を取得することができる場合について規定しており、株主との合意による取得もその１つとされています（会社法155条３号、156条）。

　会社が株主との合意により、当該会社の株式を有償で取得するにはあらかじめ、株主総会（臨時株主総会でも可能です）の決議によって次の事項を定めなければなりません（会社法156条１項）。

① 取得する株式の数（種類株式を発行する会社にあっては、株式の種類および種類ごとの数）
② 株式を取得するのと引換えに交付する金銭等（当該会社の株式等を除

く）の内容およびその総額
③ 株式を取得することができる期間（1年を超えることは不可）
　そのため、これらが議事録に記載されているか否かに留意することになります。

2　決議方法

　会社が株主との合意により自己株式を取得する際の決議は、普通決議で足ります（会社法309条1項）。

5　自己株式の取得（その2）

【相続人から自己株式を取得する場合の記載例】

> 第○号議案　株主の相続人からの自己株取得の件
> 　議長は本議案を上程し、当社の株主A氏が先日逝去されたため、A氏の相続人であるB氏から、B氏が相続により取得した当社の株式を取得して欲しいとの申し入れのあったこと、当社としてもB氏から当社の株式を取得する必要があることを説明し、下記のとおり自己株式を取得することについて議場に諮ったところ、出席株主の議決権の3分の2以上の賛成により承認可決された。
> 　なお、株主B氏は会社法160条4項本文の規定により、議決権を行使しなかった。
> 　1　取得する株式の数
> 　　　○○株
> 　2　株式を取得するのを引換えに交付する金銭等の内容およびその総額
> 　　　1株につき金○万円　総額○○万円
> 　3　株式を取得することができる期間
> 　　　平成○○年○○月○○日より平成××年××月××日
> 　4　会社法第158条第1項の規定による通知を行う株主
> 　　　B

16　議事録編

POINT：
> 会社が特定の株主との合意により株式を取得する場合には、他の株主との平等を図るため、当該株主の氏名を明らかにする必要があります。

1 解説

　特定の株主との合意により会社が自己株式を取得しようとする場合、会社は **4** の**解説**の①から③の事項に併せて、④特定の株主に対して自己株式取得に関する通知を行なう旨を株主総会で決議することになります（会社法160条1項）。この場合、特定の株主とそれ以外の株主との平等を図るため、特定の株主以外の株主は、自己も売主に加えるよう請求することができます（会社法160条2項3項）。

　会社が相続人・その他の一般承継人から、その相続・その他の一般承継により取得した当該会社の株式を取得する場合も、会社が特定の株主との合意により自己株式を取得する一場面にすぎません。

　ただし、会社が、株主の相続人・その他の一般承継人から、その相続・その他の一般承継により取得した当該会社の株式を取得する場合、特定の株主（相続人・その他の一般承継人）以外の株主に、自己を売主に加えるよう請求することを認めないことができるという特例が認められます（会社法162条本文）。

　なお、会社が公開会社である場合や当該相続人等が株主総会等において、当該株式について議決権を行使した場合には上記の特例は適用されません（会社法162条1号2号）。

　相続人等の特定の株主は、当該株式譲渡に関する決議を行なう株主総会において議決権を行使することができません（会社法160条4項本文）。したがって、議事録にその旨を明記しておく必要があります。

2 決議方法

　会社が相続人等を含む特定の株主との合意により自己株式を取得する場合、特別決議が必要となります（会社法309条2項2号）。

　特別決議は、当該株主総会において議決権を行使することができる株主の議決権の過半数（3分の1以上の割合を定款で定めた場合にあっては、その

第2章　株主総会　17

割合）を有する株主が出席し、出席した当該株主の議決権の3分の2（これを上回る割合を定款で定めた場合にあっては、その割合）以上にあたる多数をもって行います（会社法309条2項柱書）。

　上場会社では、特別決議の定足数を3分の1と定款に定めているところが多いようです。

◆6◆ 自己株式の消却

【自己株式消却の記載例】

> 第○号議案　自己株式消却の件
> 　議長は本議案を上程し、当社の保有する自己株式○○○株のうち、普通株式○○株を消却したい旨を述べ、その財源としてその他資本剰余金○○○万円を充てたい旨およびその理由を詳細に説明した。
> 　議長がその賛否を諮ったところ、出席株主の議決権の過半数の賛成により承認可決された。

POINT：

> 　株式の消却と併合は、いずれもそれを行った結果、会社の発行済株式が減少する点で共通しますが、株式の消却は特定の株式についてのみ行われます。

1　解説

　会社は取得した自己株式を保有し続けることもできますが、発行済株式数を減少させる等の目的のため、処分ないし消却することがあります。

　自己株式の処分は、法が特に定める場合を除き、株式の発行と同じ募集の手続を経て行うことになります（会社法199条1項）。他方、株式の消却とは、特定の株式を消滅させる会社の行為です（会社法178条1項）。

　会社が株式の消却を行った結果、発行済株式数が減少しても、定款で定めた発行可能株式総数には影響を与えません。

会社が自己株式を消却する場合、消却する自己株式の数（種類株式発行会社にあっては、自己株式の種類および種類ごとの数）を定める必要がありますが（会社法178条１項）、その他については法の制限はありません。
　また、取締役会設置会社においては、その決定は取締役会の決議をもってしなければなりません（会社法178条２項）。

２　決議方法

　会社が自己株式を消却する際の決議は、普通決議で足ります（会社法309条１項）。

7　増資（第三者割当）

【募集株式（第三者割当）の記載例】

第○号議案　募集株式（第三者割当）の発行の件
　議長は、当会社の自己資本の充実および財務体質の強化を目的として、下記のとおり第三者割当の方法により募集株式を発行したい旨を述べ、議場に諮ったところ、出席株主の議決権の３分の２以上の賛成により、原案どおり承認可決した。

記

１　募集株式の数　普通株式○○株
２　募集株式の払込金額　１株あたり○○○○円
３　払込金額の総額　○○○○○○円
４　募集株式と引換えにする金銭の払込みの期日
　　　平成○○年○○月○○日
５　増加する資本金の額　金○○○万円
６　増加する資本準備金の額　金○○万円
７　割当方法　第三者割当

第２章　株主総会

POINT：
> 第三者割当に関する決議は株主総会で行うことが原則ですが、公開会社（発行する株式の全部または一部の内容として、譲渡による当該株式の取得について会社の承認を要する旨の定款の定めを設けていない会社）以外の会社では、一定の制限の下、その決定を取締役に委任することができます。

1　解説

　会社法では、旧商法における新株発行および自己株式の処分を併せて「募集株式（当該募集に応じてこれらの株式の引受けの申込みをした者に対して割り当てる株式）」として規定しています。

　会社は、その発行する株式またはその処分する自己株式を引き受ける者の募集をしようとするときは、その都度、募集株式について、次の事項を定めなければなりません（会社法199条1項）。

① 募集株式の数（種類株式発行会社にあっては、募集株式の種類および数）
② 募集株式の払込金額（種類株式一株と引換えに払い込む金銭または給付する金銭以外の財産の額）またはその算定方法
③ 金銭以外の財産を出資の目的とするときは、その旨ならびに当該財産の内容および価額
④ 募集株式と引換えにする金銭の払込みまたは上記③の財産の給付の期日またはその期間
⑤ 株式を発行するときは、増加する資本金および資本準備金に関する事項

　上記の各事項の決定は、株主総会の決議によるのが原則ですが（会社法199条2項）、当該会社が公開会社であり、当該募集が有利発行に該当しない場合には、取締役会の決議で足ります（会社法201条1項・会社法199条3項）。

　上記②の払込金額が有利発行にあたる場合、取締役は株主総会において、当該払込金額でその者を募集することを必要とする理由を説明しなければなりません（会社法199条3項）。したがって、取締役がかかる説明をした場合には、議事録においてもその旨を記載することになります。

　また、非公開会社では上記各事項の決定は、株主総会の決議によることが

原則ですが、その決議によって募集事項の決定を一定の制限の下、取締役に委任することもできます（会社法200条1項）。その場合にはその旨を議事録に記載することになります。

なお、記載例は現物出資がない場合となっています。

2　決議方法

第三者割当による募集株式発行に関する決定を株主総会決議で行う場合には、特別決議が必要となります（会社法309条2項5号）。

8　増資（株主割当）

【募集株式（株主割当）の記載例】

> 第○号議案　募集株式（株主割当）の発行の件
> 　議長は本議案を上程し、会社法202条3項4号の規定に基づき、下記のとおり株主に株式の割当てを受ける権利を与えたい旨を述べ、その理由を説明した後、議場に諮ったところ、出席株主の議決権の3分の2以上の賛成により、原案どおり承認可決した。
>
> 記
>
> 1　募集株式の数　普通株式○○株
> 2　割当方法
> 　　下記申込期日までに申し込みをした当社の株主にその持株数○株に対して1株の割合で募集株式の割当てを受ける権利を与える。
> 3　募集株式の払込金額　1株当たり○○○○円
> 4　申込期日　平成○○年○○月○○日
> 5　払込期日　平成××年××月××日
> 6　増加する資本金の額　金○○○万円
> 7　増加する資本準備金の額　金○○万円

第2章　株主総会

POINT：
> 株主割当に関する事項は、株主総会で決議されるのが原則ですが、一定の場合には決議が不要となります。

1　解説

　会社は、株主に自社の株式の割当てを受ける権利を与えることができます（会社法202条1項）。この場合、上記第三者割当（上記**7**）の①から⑤の事項に加え、次の事項を定める必要があります（会社法202条1項）。
　① 株主に対し、募集株式の申込みをすることにより、当該会社の募集株式（種類株式発行会社にあっては、当該株主の有する種類の株式と同一の種類のもの）の割当てを受ける権利を与える旨
　② 募集株式の引受けの申込みの期日

　上記①②および会社法199条1項各号の事項を定める場合、原則として株主総会決議が必要となります。ただし、
　ア　各事項を取締役の決定によって定めることができる旨の定款の定めがある場合（取締役会設置会社を除く）
　イ　各事項を取締役会の決議によって定めることができる旨の定款の定めがある場合（公開会社を除く）
　ウ　当該会社が公開会社である場合
には、株主総会の決議は不要となります（会社法202条3項）。

2　決議方法

　株主割当による募集株式発行に関する決定に際し、株主総会の決議が必要となる場合には、特別決議が必要となります（会社法309条2項5号）。

9　減資

【資本金の額の減少の記載例】

> 第○議案　資本金の額の減少の件
> 　議長は、財務体質の健全化を図るため、下記のとおり、当社の資本金の額を減少する必要がある旨述べ、その理由を詳細に説明した後、その賛否を議場に諮ったところ、出席株主の有する議決権の過半数の賛成を得て、本議案は原案どおり可決された。
>
> 　　　　　　　　　　　　　　記
>
> 　1　減少する資本金の額　金○○○万円
> 　2　減少する資本金の額の全部を資本準備金とする。
> 　3　資本金の減少の効力が生ずる日
> 　　　平成○○年○○年○○日

POINT：
> 　減資を行う場合の株主総会決議は普通決議で足りる場合と特別決議が必要な場合があるため、注意が必要です。

1　解説

　会社が資本金の額を減少するには、
① 減少する資本金の額
② 減少する資本金の額の全部または一部を準備金とするときは、その旨および準備金とする額
③ 資本金の額の減少がその効力を生ずる日

の各事項を株主総会決議で定めなければなりません（会社法447条1項）。そして、上記①の額は上記③の日における資本金の額を超えることはできません（会社法447条2項）。

第2章　株主総会　　23

2　決議方法

　資本金を株主に対する分配が可能なその他の資本剰余金に変えることは、事業規模の縮小等に繋がることが多く、株主に対する影響も大きいため、株主総会の決議は原則として特別決議となります（会社法309条2項9号）。

　ただし、定時株主総会において上記①から③の各事項を定め、かつ、減少する資本金の額が定時株主総会の日における法務省令で定める欠損の額を超えない場合には、普通決議で足ります（会社法309条2項9号イ、ロ）。資本金の減少の目的が欠損の填補である場合、新たな分配可能額を生じさせず、株主に対する影響はさほど大きくないためです。

　なお、記載例は普通決議の場合となります。

10　資本準備金等の減少

【資本準備金の額の減少の記載例】

　第○号議案　資本準備金の額の減少の件
　　議長は本議案を上程し、分配可能額をより充実させることによって、自己株式取得等の機動的な資本政策を可能とするため、資本準備金を下記のとおり減少させることとしたい旨を述べ、本議案につきその賛否を議場に諮ったところ、出席株主の有する議決権の過半数の賛成を得て、本議案は原案どおり可決された。

　　　　　　　　　　　　　　記

　1　減少する資本準備金の額　金○○○万円
　2　準備金の減少の効力が生ずる日
　　　　平成○○年○○年○○日

POINT：

> 資本準備金の減少に関する決議は、株主総会の普通決議で足ります。

1　解説

会社が準備金の額を減少するには、

① 減少する準備金の額

② 減少する準備金の額の全部または一部を資本金とするときは、その旨および準備金とする額

③ 準備金の額の減少がその効力を生ずる日

の各事項を株主総会決議で定めなければなりません（会社法448条1項）。そして、上記①の額は上記③の日における準備金の額を超えることはできません（会社法448条2項）。

なお、記載例は減少する準備金の額を資本金としない場合となります。

2　決議方法

会社が準備金の額の減少する際の決議は、普通決議で足ります（会社法309条1項）。

◆ 11 ◆ 会社の解散

【解散の記載例】

> 第1号議案　当会社解散の件
> 　議長は本議案を上程し、最近の当会社の業績および将来の見通しを詳細に説明し、本日をもって、当会社を解散したい旨を議場に諮ったところ、出席株主の議決権の3分の2以上の賛成をもって、解散することを承認可決した。
> 第2号議案　清算人選任の件
> 　議長は、当会社の清算人を選任する必要があり、次の者を清算人として推薦したい旨説明し、その賛否を議場に諮ったところ、出席株主の議

決権の過半数の賛成をもって承認可決された。なお、被選任者は、即時その就任を承諾した。
　　　清算人　　〇〇〇〇

POINT：
　会社が解散に関する決議を行う場合、当該株主総会において、清算人選任の決議についても一緒に行うことが一般的です。

1　解説

　会社は、次に掲げる事由によって解散します（下記①から⑥につき、会社法471条。下記⑦につき、会社法472条）。
　① 定款で定めた存続期間の満了
　② 定款で定めた解散の事由の発生
　③ 株主総会の決議
　④ 合併（合併により当該会社が消滅する場合に限る）
　⑤ 破産手続開始の決定
　⑥ 解散命令（会社法824条1項）または解散判決（会社法833条1項）
　⑦ 休眠会社のみなし解散

　株主総会の決議により会社が解散する場合（上記③）、実務では、当該株主総会において、清算人を選任しておくことが一般的です。清算人選任の決議を行わない場合には、定款で定める者（実務上定款で定めるのは稀です）ないし取締役が清算人となります（会社法478条1項）。

　議事録の記載に際しては、解散登記等との関係から、解散の年月日を明確にしておくとよいでしょう。

2　決議方法

　会社が株主総会の決議により解散する場合、特別決議が必要となります（会社法309条2項11号）。併せて、清算人の選任をする場合には、その決議は普通決議で足ります。

12　吸収合併

【吸収合併（存続会社）の記載例】

> 第○号議案　株式会社Aとの吸収合併契約承認の件
> 　議長は、かねてから検討、交渉していた当社を存続会社、株式会社Aを消滅会社とする吸収合併を行う理由、合併比率算定の理由とその相当性、合併契約の内容等を詳細に説明し、合併契約の承認を議場に諮ったところ、出席株主の議決権の3分の2以上の賛成により原案どおり承認した。

POINT：

> 株主総会の決議の対象は、あくまでも合併「契約」になりますので、その点を議事録でも明記することが重要です。

1　解説

　吸収合併とは、会社が他の会社とする合併であって、合併により消滅する会社の権利義務の全部を合併後存続する会社に承継させるものをいいます（会社法2条27号）。

　会社が吸収合併をする場合、存続会社は吸収合併契約書に吸収合併により存続する会社および消滅する会社の商号および住所等を記載しなければなりません（会社法749条1項）。そして、存続会社は、合併の効力発生日の前日までに、株主総会の決議によって、吸収合併契約の承認を受けなければなりません（会社法795条1項）。

　承認の対象は合併契約なので、議事録の作成にあたっても、その点を明記する必要があります。また、合併の理由等について株主総会で説明した場合には、記載例のようにその旨を記載するとよいでしょう。

2　決議方法

　会社が吸収合併を行う場合、それが簡易合併（会社法796条3項）や略式合併（会社法796条1項）にあたらない限り、特別決議が必要となります（会社法309条2項12号）。

13　吸収分割

【吸収分割（承継会社）の記載例】

> 第○号議案　A株式会社との吸収分割契約承認の件
> 　議長より、A株式会社の不動産賃貸事業を吸収分割により承継することとしたい旨、吸収分割を行う理由、吸収分割契約の内容は招集通知○頁記載のとおりである旨を説明し、吸収分割契約の承認を議場に諮ったところ、出席株主の議決権の3分の2以上の賛成により、原案どおり承認された。

POINT：
> 吸収分割は吸収合併と似ているところがあるため、会社としてどちらを選択するか、事前に十分に検討する必要があります。

1　解説

　吸収分割とは、会社がその事業に関して有する権利義務の全部または一部を分割後他の会社に承継させることといいます（会社法2条29号）。

　吸収分割は事業に関して有する権利義務を他の会社に承継させる点で吸収合併に似ていますが、分割した会社（吸収合併における消滅会社）が存続し続ける点において異なります。

　吸収合併と吸収分割では似ている点が多いことから、議事録の記載において留意すべき点については、吸収合併とほぼ同様となります。

　吸収分割契約書に記載すべき事項については、会社法758条1項に規定されています。

2　決議方法

　会社が吸収分割を行う場合、それが簡易分割や略式合併の要件を充足しない限り、特別決議が必要となります（会社法309条2項12号）。

14　株式交換

【株式交換（完全子会社）の記載例】

> 第○号議案　A株式会社との株式交換契約承認の件
> 　議長は、本議案を付議し、グループ内企業の関係強化と経営の効率化のため、当社を完全子会社とするA株式会社との株式交換のため、株式交換契約を承認する必要がある旨述べ、その理由を詳細に説明した後、その賛否を議場に諮ったところ、出席株主の議決権の3分の2以上の賛成により原案どおり承認した。

POINT：
> 完全親会社となる場合と完全子会社となる場合では、取締役が株主総会で説明する内容に違いが生じることがあるため、確認が必要です。

1　解説

株式交換とは、株式会社がその発行済株式の全部を他の株式会社等に取得させることをいいます（会社法2条31号）。

株式交換を行うことにより、会社相互間で完全親会社と完全子会社を創設し、グループ企業間の経営の効率化を図ること等が可能となります。また、企業再編の前提として行われることもあります。

吸収合併等と同様、株式交換においても、株主総会の承認の対象となるのは株式交換契約であるため（会社法795条1項）、議事録にはその点を明確に記載することになります。また、株式交換の理由や対価等について説明がなされた場合には、それらについても記載するとよいでしょう。

なお、株式交換契約書に記載すべき事項は完全子会社および完全親会社の商号および住所等で、具体的には、会社法768条1項に記載されています。

また、完全親会社の株主総会では、株式交換差損が生じる場合はその旨を取締役は説明しなければなりません（会社法795条2項3号）。

2　決議方法

　会社が株式交換を行う場合、それが簡易株式交換や略式株式交換の要件を充足しない限り、特別決議が必要となります（会社法309条2項12号）。

◆ 15 ◆　株式移転

【株式移転の記載例】

> 第○号議案　株式移転による完全親会社設立の件
> 　議長は、本議案を上程し、株式会社AおよびB株式会社との間で完全親会社となるC株式会社を設立する理由、株式移転比率算定の根拠およびその相当性、株式移転計画の内容は招集通知○頁のとおりであることを説明し、株式移転計画の承認を議場に諮ったところ、出席株主の議決権の3分の2以上の賛成により原案どおり承認した。

POINT：
> 株主総会決議の対象は、株式移転そのものではなく、あくまでも株式移転「計画」となりますので、議事録に記載する際にも注意が必要です。

1　解説

　株式移転とは、1つまたは2つ以上の株式会社がその発行済株式の全部を新たに設立する株式会社に取得させることをいいます（会社法2条32号）。

　株式移転を行うことで、持株会社である完全親会社が設立され、株式移転を行った会社は当該持株会社の完全子会社となります。株式交換と同様、企業再編の一環として行われることがあります。

　株式移転計画の承認は株主総会の決議によって行われますが（会社法804条1項）、決議の対象は株式移転計画自体ですので、その点の承認を受けたことを議事録に明記する必要があります。また、株式移転の理由等について、株主総会で説明した場合には、その旨を記載してもよいでしょう（記載例参

照）。

なお、株式移転契約に掲げる事項については、株式移転により設立する株式会社の目的、商号、設立時の取締役の氏名等があり、具体的には会社法773条1項に規定があります。

2　決議方法

株式移転契約の承認は特別決議により行われます（会社法309条2項12号）。

◆ 16 ◆ 事業譲渡等

【事業の重要な一部の譲渡契約承認の記載例】

> 第○号議案　事業の重要な一部の譲渡契約承認の件
> 　議長は本議案を付議し、当社の○○部門は不採算部門であることから、従業員の雇用等を確保すべく、当該部門に係る事業をA株式会社に譲渡したい旨述べ、事業譲渡契約の内容の詳細を説明したうえで、事業譲渡契約の承認を議場に諮ったところ、出席株主の3分の2以上の賛成により、本議案は原案どおり承認された。

POINT：
> 事業譲渡契約の承認は、株主総会の特別決議によりますが、その承認が不要となる場合もあります。

1　解説

会社は、次に掲げる事業譲渡等の行為をする場合、当該行為がその効力を生ずる日の前日までに原則として株主総会の決議によって、当該行為に係る契約の承認を受けなければなりません（会社法467条1項）。

① 事業の全部の譲渡
② 事業の重要な一部の譲渡
③ 他の会社の事業の全部の譲受け

④ 事業の全部の賃貸、事業の全部の経営の委任等
⑤ 当該会社設立後2年以内におけるその成立前から存在する財産であり、その事業のために継続して使用するものの取得（事後設立）

　株主総会の承認の対象は、当該行為に係る契約であるから、その承認を受けたことを議事録に明記します。事業譲渡の理由等について説明した場合には、その旨を議事録に記載してもよいでしょう。

2　決議方法

　事業の重要な一部の譲渡については、原則として株主総会の特別決議が必要となります（会社法309条2項11号）。ただし、事業譲渡の承認を要しないと会社法で規定されている場合には、係る決議は不要となります（会社法468条）。

◆17◆　事業の譲受け

【事業の全部の譲受契約承認の記載例】

> 第○号議案　事業の全部の譲受契約承認の件
> 　議長より本議案を付議し、当社の○○部門の拡充を図るため、株式会社Aの事業の全部を譲り受けたいこと、事業譲渡契約の内容は招集通知○頁に記載のとおりであることを説明したうえで、本議案の賛否を議場に諮ったところ、出席株主の3分の2以上の賛成により、本議案は原案どおり承認可決された。

POINT：

> 　他の会社の事業を譲り受けるに際し、その資産の中に自己株式が含まれている場合、取締役は株主総会で当該株式について説明する必要があり、その旨議事録に記載します。

1　解説

　他の会社（外国その他の法人を含みます）の事業の全部を譲り受ける場合、その効力の生ずる日の前日までに原則として株主総会の決議により、その契約の承認を受けなければなりません（会社法467条1項3号）。

　株主総会の承認の対象は、当該行為に係る契約であるから、その承認を受けたことを議事録に明記します。事業の譲受けの理由等について説明した場合には、その旨を議事録に記載してもよいでしょう。

　譲り受ける資産の中に当該会社の株式（自己株式）が含まれる場合、取締役は株主総会において、当該株式の説明をしなければなりませんので（会社法467条2項）、その説明がされた場合にはその旨を議事録に記載します。

2　決議方法

　他の会社の事業の全部の譲受けについては、原則として株主総会の特別決議が必要となります（会社法309条2項11号）。ただし、事業の譲受けの承認を要しないと会社法で規定されている場合には、係る決議は不要となります（会社法468条）。

第3章 取締役会

1 取締役の報酬

　ここからは、取締役会議事録の議案の具体例を挙げ、解説していきます。議事録全体の書式サンプルは7ページをご参照ください。

【取締役の月額報酬の額決定の記載例①】

> 第○号議案　取締役の報酬の額決定の件
> 　議長は、標記の件について、第○期定時株主総会の決議により承認を得た取締役の報酬等の総額の範囲内において、平成○○年○○月以降の各取締役の具体的な月額報酬の金額の決定については、取締役社長に一任することとしたい旨を諮ったところ、全員異議なく承認可決した。

POINT：
> 　個々の取締役の報酬金額が取締役会で決まることは少なく、取締役会の決議により代表取締役に一任するケースが一般的です。

解説

　取締役会の決議は、原則として、議決に加わることができる取締役の過半数（これを上回る割合を定款で定めた場合にあっては、その割合以上）が出席し、その過半数（これを上回る割合を定款で定めた場合にあっては、その割合以上）をもって行われます（会社法369条1項。例外につき、会社法370条、会社法373条）。

取締役の報酬は、定款にその額が定められていない場合、株主総会の決議により決められますが（会社法361条1項）、各定額報酬の場合、個々の取締役の報酬金額まで決議することは要せず、取締役全体の総額ないし上限が定められれば足ります。取締役全体の総額等を株主総会で決議すれば、取締役によるお手盛りは防止できるからです。

　取締役会設置会社の場合、各取締役の報酬金額の決定については、取締役会に委ねるのが一般的です（第2章❶を参照）。

　そして、取締役会においては、上掲の**記載例①**のように代表取締役に一任する場合が多いようです。

　各取締役の月額報酬の額を取締役会で具体的に定めることは実務上稀といえますが、具体的な金額を決定した場合には、その旨を次のように議事録に記載することになります（下掲の取締役Cについては、使用人兼務取締役であることを前提としています）。

【取締役の月額報酬の額決定の記載例②】

> 第○号議案　取締役の報酬の額決定の件
> 　議長は、標記の件について、第○期定時株主総会の決議により承認を得た取締役の報酬等の総額の範囲内において、平成○○年○○月以降の各取締役の具体的な月額報酬の金額を下記のとおりとしたい旨提案し、諮ったところ、全員異議なくこれを決議した。
>
> 　　　　　　　　　　　　　記
>
> 　　代表取締役社長A　　月額○○○万円
> 　　専務取締役　　　B　　月額○○○万円
> 　　取締役　　　　　C　　月額○○○万円
> 　　　　　　　　（使用人分給与は除く）

2　取締役の賞与

【取締役の賞与決定の記載例】

> 第○号議案　取締役の賞与支給の件
> 　議長より、第○回定時株主総会において承認された取締役に対する報酬等の額の範囲内で、取締役の賞与を支給したい旨を諮ったところ、全員一致でこれを社長に一任することに決定した。

POINT：
> 　賞与の場合も、報酬の場合と同様、個々の取締役への支給金額は取締役会決議により代表取締役に一任されることが多いようです。

解説

　取締役の賞与も「報酬等」に含まれるため（会社法361条1項柱書）、株主総会で取締役全体の総額ないし上限を決議すれば、各取締役の賞与金額の決定を取締役会に委ねることができます。

　記載例は、各取締役の賞与金額の決定を取締役社長に一任した場合のものです。

3　取締役の退職慰労金

【取締役の退職慰労金支給の記載例】

> 第○号議案　退任取締役に対する退職慰労金支給の件
> 　議長は、平成○○年○○月○○日に開催された第○回定時株主総会において、退任取締役A氏に対して当社の定める基準に従い、退職慰労金

を支給することとし、その具体的金額、支給の時期、方法等は取締役会に一任する旨が決議されたことに伴い、これを決定したい旨述べた後、「取締役退職慰労金支給基準」に従って計算した場合の金額を説明し、議場に諮ったところ、全員異議なく、以下のとおり決定した。

1　退職慰労金の金額　　○○○○万円
2　支給の時期　　　　　平成○○年○○月○○日
3　支給の方法　　　　　全額を一括して銀行に振り込む方法により
　　　　　　　　　　　　支払う。

POINT：

退職慰労金については、支給基準に従ってその金額が算出されるため、取締役会でそれを決議することも可能ですが、代表取締役に一任することもできます。

解説

　退職慰労金は、在職中の職務執行の対価として支給される限り報酬等の一種であり、定款または株主総会の決議によりその額が定まることになります。

　実務では、株主総会で退職慰労金の金額が決議されることは多くありません。また、退任取締役が1人の場合には、「お手盛り」防止の観点から退職慰労金の総額を定めたとしても、結局それが当該退職取締役個人への支給額として明らかになるとも考えられます。

　そのため、退職慰労金については、報酬や賞与と異なり、株主総会ではその総額が決議されることは稀で、退職慰労金の支給に関する基準を示し、具体的な金額、支払方法、支払時期等を取締役会の決議等に委ねる旨決議するのが通例です。

　記載例はこれを受け、取締役会で退職慰労金の金額等を決議した場合を示しています。

　また、取締役会では、退職慰労金の金額等をさらに代表取締役等に一任することもできますので、その場合にはその旨記載することになります（第2章❶**記載例**①参照）。

4 自己株式の取得

【株主との合意による自己株式の取得の記載例】

> 第○号議案　自己株式取得の件
> 　議長は、平成○○年○○月○○日に開催された臨時株主総会において決議された当社の株式を取得するため、下記の要領で取得したい旨を詳細に説明した後、賛否を議場に諮ったところ、全員一致で承認可決された。
>
> 　　　　　　　　　　　　　記
>
> 1　取得する株式の種類および数
> 　　普通株式　○○○株
> 2　株式1株を取得するのと引換えに交付する金銭
> 　　○○万円
> 3　株式を取得するのと引換えに交付する金銭等の総額
> 　　○○○○万円
> 4　株式の譲渡しの申込みの期日
> 　　平成××年××月××日

POINT：
> 取締役会の存在する会社では、取得する株式の数等の決定を代表取締役等に一任することはできず、必ず取締役会で決議することが必要です。

解説

　会社が株主との合意により自己株式を取得する場合、会社は取得する株式の数等を株主総会の決議により定めなければなりません（会社法156条1項）。

　会社が上記の決定にしたがい自己株式を取得するには、その都度、次の事項を定めなければなりません（会社法157条1項）。

　① 取得する株式の数（種類株式発行会社にあっては、株式の種類および数）
　② 株式一株を取得するのと引換えに交付する金銭等の内容および数もし

くは額またはこれらの算定方法
③　株式を取得するのと引換えに交付する金銭等の総額
④　株式の譲渡しの申込みの期日

　取締役会設置会社においては、上記の各事項の決定は取締役会の決議によることが必要です（会社法157条2項）。そのため、この決定を代表取締役等に一任することはできません。

　記載例は、上記の各事項につき決議がなされたことを明示しています。

　また、会社が相続人等の一般承継人から自己株式を取得する場合も（第2章❺参照）、同様の記載となりますが、相続人等の一般承継人の氏名を議事録で明らかにしておくとよいでしょう。

5　株式の消却

【株式消却の記載例】

> 第○号議案　株式消却の件
> 　議長は、平成○○年○○月○○日付をもって、当社の保有する自己株式○○○株を消却したい旨提案し、諮ったところ、全員一致でこれを承認可決した。

POINT：
> 　取締役会の存在する会社では、消却に関する事項は取締役会の決議によることが必要です。

解説

　会社は自己株式を消却することができ、この場合においては、消却する自己株式の数（種類株式発行会社にあっては、自己株式の種類および種類ごとの数）を定めなければなりません（会社法178条1項）。

会社が取締役会を設置している場合、上記の決定は取締役会の決議によらなければなりません（会社法178条2項）。

6 増資（第三者割当）

【第三者割当による募集株式割当ての記載例】

> 第○号議案　募集株式割当ての件
> 　議長は、平成○○年○○月○○日開催の株主総会により決議された第三者割当てによる募集株式発行について、下記の者から平成××年××月××日に株式の申込みがあったので、下記の者に募集株式の全てを割り当てたい旨を述べ、その理由を詳細に説明した後、その賛否を諮ったところ全員一致でこれを可決した。
>
> 　　　　　　　　　　　　　記
>
> 住所：○○県○○市○○×丁目×番×号
> 氏名：A
> 割当てる株式の種類および数：普通株式○○株

POINT：
> 第三者割当の場合、株主割当の場合と異なり、募集のあった第三者に対して何株を与えるのかを決めなければなりません。

解説

　募集株式の発行を行うには、募集株式の数等の事項を原則として株主総会の決議によってこれを定め（会社法199条1項2項）、募集株式の引受けの申込みをしようとする者に対し通知を行います（会社法203条1項）。

　会社は申込者の中から募集株式の割当てを受ける者を定め、かつ、その者

に割り当てる募集株式の数を定めなければなりません（会社法204条1項）。そして、募集株式が譲渡制限株式であり、かつ、当該会社が取締役会設置会社の場合には、その決定は取締役会の決議による必要があります（会社法204条2項）。ただし、定款で別の定めがある場合には、この限りではありません。

　記載例は、上記条件を満たした場合のものとなります。

　なお、株主割当の場合、株主は申込みの期日に申込みをした場合には当然に募集株式の割当てを受けることができるので、第三者割当のように改めて割当てに関する決議をする必要はありません（会社法204条4項参照）。

7 譲渡制限株式の譲渡承認（その1）

【譲渡制限株式の譲渡の承認の記載例】

> 第○号議案　当会社の株式の譲渡承認請求の件
> 　議長は、当会社の株主から次のとおり、当会社の譲渡制限株式の取得について承認請求がなされている旨を説明し、承認すべきか否か慎重に審議した結果、満場一致をもって、これを承認した。
>
> 　1　株式譲渡承認請求株主
> 　　　東京都○○区○○×丁目×番×号
> 　　　　　○○○○
> 　2　譲渡の相手方
> 　　　○○県○○市○○×丁目×番×号
> 　　　　　△△△△
> 　3　譲渡制限株式の数
> 　　　○○株

POINT：
> 定款に定めがある場合を除き、譲渡の承認は、取締役会が存在する会社の場合は取締役会が、取締役会が存在しない会社の場合は株主総会がその決議を行います。

解説

　譲渡制限株式の株主は、その有する譲渡制限株式を他人に譲り渡そうとするとき、当該会社に対して、当該他人が当該株式を取得することについて承認するか否かの決定を請求することができます（会社法136条）。

　会社は、上記の請求の承認をするか否かの決定をする必要がありますが、その決定は、定款に別段の定めがある場合を除き、取締役会設置会社にあっては取締役会の決議に拠ることが必要です（会社法139条1項）。

　記載例は、会社が株主からの承認請求を承認する場合のものです。

8　譲渡制限株式の譲渡承認（その2）

【譲渡制限株式の取得の否決と買取人の指定の記載例】

第○号議案　当社の株式の取得承認請求の件
　議長は、次のとおり当会社の譲渡制限株式の取得について承認請求がなされている旨を説明し、これを諮ったところ、専務取締役Aおよび取締役Bから反対の発言があり、採決した結果、反対多数をもって、これを否決した。

　　1　譲渡人
　　　　東京都○○区○○×丁目×番×号
　　　　　　○○○○
　　2　株式取得者
　　　　○○県○○市○○×丁目×番×号

```
                ××××
    3  譲渡制限株式の数
       ○○株
    次いで、議長は、承認しない場合は、当会社または指定買取人による
   買取りの請求もなされている旨を述べ、下記の者を買取人として指定し
   たい旨提案し、諮ったところ、全員一致をもってこれを承認可決した。

                       記

    △△県△△市△△×丁目×番×号
       △△△△
```

POINT：

　会社が譲渡を承認しない場合、会社は自ら当該株式を買い取るか、当該株式を買い取る者を指定しなければなりません。

解説

　譲渡制限株式を取得した者は、会社に対し、当会株式を取得したことについて承認するか否かの決定を請求することができます（会社法137条1項）。

　会社が上記の請求に対し、承認しない旨の決定をしたときは、当該譲渡承認請求に係る譲渡制限株式を買い取るか（会社法140条1項）、または、対象株式の全部または一部を買い取る者（指定買取人）を指定しなければなりません（会社法140条4項）。

　会社が指定買取人を指定する場合、定款に別段の定めがある場合を除き、取締役会設置会社にあっては取締役会の決議に拠ることが必要です（会社法140条5項）。

　記載例は、株式取得者が承認請求をしたのに対し、会社がこれを認めず、指定買取人を指定した場合のものです。

9 重要な財産の処分（その１）

【不動産売買の記載例】

> 第○号議案　当社の旧本社の建物・土地売却の件
> 　議長より、当社が所有している下記の土地・建物について、資産の有効活用の一環として、平成○○年○○月○○日をもって、A株式会社（代表取締役△△△△）に対し、売買代金○○○○万円で売却したい旨を述べ、その賛否を諮ったところ、全員一致で可決した。
>
> 　　　　　　　　　　　　　記
>
> 　1　土地
> 　　　東京都○○区○○町○丁目○番○号
> 　　　宅地　○○○.○㎡
> 　2　建物
> 　　　同所所在建物（○○ビル）

POINT：

「重要な」財産に該当するかどうかは総合的に判断されるため、判断に迷ったときは取締役会の決議を得ておく方が安全です。

解説

　会社が重要な財産を処分する場合、取締役会の決議が必要となり、取締役会はこの決定を取締役に委任することはできません（会社法362条4項1号）。「重要な財産の処分」に該当するか否かは、当該財産の価額、その会社の総資産に占める割合、当該財産の保有目的、処分行為の態様および会社における従来の取扱い等の事情を総合的に考慮して判断します（最判平成6年1月20日民集48・1・1）。

　記載例は、不動産の処分が「重要な財産の処分」にあたる場合です。

10 重要な財産の処分（その2）

【貸付の記載例】

> 第○号議案　関連会社への資金貸付の件
> 　議長より、当社の関連会社であるA株式会社において、設備投資のための資金需要が見込まれることから、同社に対して、以下の条件で貸付を行いたい旨を説明し、また、返済見通しについても詳細に説明した上で、その賛否を諮ったところ、全員一致で可決した。
>
> 1　貸付金額　○億○○○○万円
> 2　貸付期間　自平成○○年○○月○○日
> 　　　　　　　至平成××年××月××日
> 3　利率　○％
> 4　返済時期　平成××年×月×日に、元金を一括返済

POINT：

> 貸付の場合も、それが「重要な」財産にあたるかどうかは、会社の規模等により異なってきますので、迷った場合は取締役で決議しておく方が安全です。

解説

　貸付を業としている会社において金銭の貸付を行う場合、その額によってはそれが「重要な財産の処分」となり、取締役会の決議が必要となります（会社法362条4項1号）。

第3章　取締役会　45

11 多額の借財

【借入の記載例】

> 第○号議案　○○銀行からの借入の件
> 　議長は、○○銀行から会社の運転資金のため、下記のとおり、借入を行う必要がある旨を説明し、議場に諮ったところ、出席取締役全員異議なく承認可決した。
>
> 　　　　　　　　　　　　　記
>
> 　1　借入金額　金○○億円
> 　2　借入先　○○銀行
> 　3　金利　○.○％～○.○％

POINT：

「多額の」借財に該当するかどうかは、「重要な」財産の場合と同様、借財の金額等の事情を総合的に考慮して判断されます。

解説

　銀行等から金銭を借り入れる場合、その金額が大きい場合には、「多額の借財」（会社法362条4項2号）に該当し、取締役会決議が必要となることが考えられます。

　「多額の借財」に当たるか否かは、当該借財の金額、その会社の総資産・経常利益等に占める割合、借財の目的および会社における従来の取扱い等の事情を総合的に考慮して判断されます。

　また、借入の都度、取締役会の決議を得ることは経営の迅速性を殺ぐことになりかねないため、事業年度ごとに借入枠を設定し、それについて取締役会の決議を得ておくということも考えられます。

12 重要な財産の譲受け

【株式譲受けによる子会社化の記載例】

> 第○号議案　A株式会社の株式譲受けによる子会社化の件
> 　議長より、A株式会社の全株式をB株式会社より譲り受け、当社の子会社としたい旨の提案がなされ、さらに、添付資料に基づき、A株式会社の事業内容、最近の決算内容、B株式会社が株式を譲渡する理由、当社の譲受けの目的等について詳細な説明がされた後、その賛否を諮ったところ、全員一致で可決した。

POINT：

> 「重要な」財産といえるかどうかは、処分の場合と同様、様々な事情を総合的に考慮して決まります。

解説

　他社の全株式を譲り受けて子会社化する場合、それが「重要な財産の譲受け」に該当し、取締役会の決議が必要とされる場合があります。

13 利益相反取引

【利益相反取引（直接取引）承認の記載例】

> 第○号議案　X株式会社に対する不動産売却の件
> 　議長より、当社と当社の専務取締役Aが代表取締役を兼務するX株式会社（本店　○○件○○市○○×丁目×番×号）との間で締結する予定の下記不動産売買契約が利益相反取引となるため、承認を得たい旨述べ、その賛否を議場に諮ったところ、満場一致をもって、これを承認可決した。

第3章　取締役会

なお、専務取締役Aは、特別利害関係人であるので、本議案の審議および決議に参加しなかった。

記

　　買主　　X株式会社
　　売買契約日　平成〇〇年〇〇月〇〇日
　　売買代金　　〇〇〇〇万円
　　不動産の表示　所在　〇〇県〇〇市×丁目
　　　　　　　　　地番　〇番〇
　　　　　　　　　地目　宅地
　　　　　　　　　地積　〇〇㎡

POINT：
　取締役会のある会社では取締役会が、取締役会のない会社では株主総会が承認を行うことになります。

解説

　取締役が会社と利益相反取引をする場合、取締役は当該取引について重要な事実を開示し、その承認を受けなければなりません（会社法356条1項2号）。取締役が会社の利益の犠牲において自己または第三者の利益を図ることを防止する趣旨です。

　そして、その承認は株主総会によることとされていますが（会社法356条1項柱書）、取締役会設置会社においては取締役会の承認に代わります（会社法365条1項）。

　会社の取締役が別会社の代表取締役として会社と取引する場合、それは会社と当該取締役との利益が相反するため、取締役会の承認が必要となります。

　なお、決議につき特別の利害関係を有する取締役は、決議の公正を期すため、議決に加わることができませんので（会社法368条2項）、議事録にもその旨明記することになります。

14 簡易合併

【簡易合併（存続会社）の記載例】

> 第〇号議案　子会社A株式会社との合併契約承認の件
> 　議長より、当社が子会社A株式会社を吸収合併する理由、合併のためのスケジュールを説明し、会社法796条3項の規定に基づき、当社の株主総会決議による承認を受けずに手続を行いたい旨を説明し、子会社A株式会社と別紙の合併契約書のとおり、合併契約を締結することの賛否を議場に諮ったところ、出席取締役全員一致でこれを承認可決した。

POINT：
> 吸収合併の規模が小さい場合、株主総会ではなく、取締役会の決議で足ります。

解説

　吸収合併をする場合、存続会社となる会社が、消滅会社となる会社の株主にその対価として交付する財産の帳簿価額の合計額が、当該存続会社となる会社の純資産額として法務省令で定める方法により算定される額の5分の1（これを下回る割合の定款を定めた場合にあっては、その割合）以下である場合には、存続会社となる会社の吸収合併契約の承認は、取締役会設置会社においては取締役会の決議で足ります（会社法796条3項）。この合併のことを簡易吸収合併といいます。

　承認の対象は「吸収合併すること」ではなく吸収合併契約そのものですので、それがわかるように記載する必要があります。

15 社債の発行

【社債発行の記載例】

> 第○号議案　普通社債発行の件
> 　議長より、2以上の当会社の発行する社債を引き受ける者の募集に係る会社法第676条各号に掲げる事項の決定を代表取締役Aに一任すること、下記各号記載の条件の範囲において、具体的な発行条件その他募集社債に係る全ての事項の決定は取締役Aに一任したいことを提案し、議場に諮ったところ、満場一致をもって、これを承認可決した。
>
> 　　　　　　　　　　　　　記
>
> 1　各募集に係る募集社債の総額の上限の合計額
> 　　　○○○○万円を上限とする。
> 2　募集社債の利率に関する事項
> 　　　年率○％を上限とする。
> 3　募集社債の振込金額に関する事項
> 　　　○○○○万円を払込金額の総額の最低金額とする。
> 4　償還の期限
> 　　　平成○○年から○年とする。
> 5　発行時期
> 　　　平成○○年○月○日から平成××年×月×日までの間。
> 6　資金使途
> 　　　設備投資資金

POINT：

> 　社債に関する事項は取締役会で決議されることになりますが、一定の事項については代表取締役等にその判断を委任することができます。

解説

　会社が、発行する社債を引き受ける者の募集をしようとするときは、その

都度、募集社債（当該募集に応じて当該社債の引受けの申込みをした者に対して割り当てる社債）について、次に掲げる事項を定めなければならないとされています（会社法676条）。

① 募集社債の総額
② 各募集社債の金額
③ 募集社債の利率
④ 募集社債の償還の方法および期限
⑤ 利息支払の方法および期限
⑥ 社債券を発行するときは、その旨
⑦ 社債権者が会社法698条（記名式と無記名式との間の転換）の規定による請求の全部または一部をすることができないこととするときは、その旨
⑧ 社債管理者が社債権者集会の決議によらずに706条1項2号に掲げる行為（当該社債の全部についてする訴訟行為等）をすることができることとするときは、その旨
⑨ 各募集社債の払込金額もしくはその最低金額またはこれらの算定方法
⑩ 募集社債と引換えにする金銭の払込みの期日
⑪ 一定の日までに募集社債の総額について割当てを受ける者を定めていない場合において、募集社債の全部を発行しないこととするときは、その旨およびその一定の日
⑫ 上記①から⑪に掲げるもののほか、法務省令で定める事項

さらに、会社法施行規則162条はこれを受け、次の事項を掲げています。

⑬ 数回に分けて募集社債と引換えに金銭の払込みをさせるときは、その旨および各払込みの期日における払込金額
⑭ 他の会社と合同して募集社債を発行するときは、その旨および各会社の負担部分
⑮ 募集社債と引換えにする金銭の払込みに代えて金銭以外の財産を給付する旨の契約を締結するときは、その契約の内容
⑯ 会社法702条（社債管理者の設置）の規定による委託に係る契約において会社法に規定する社債管理者の権限以外の権限を定めるときは、そ

の権限の内容
⑰　会社法711条2項本文（社債管理者の辞任）に規定するときは、同項本文に規定する事由
⑱　募集社債が信託社債であるときは、その旨および当該信託社債についての信託を特定するために必要な事項

　社債の発行に関し法定された事項は以上のとおりで、取締役会設置会社では取締役会がその決議を行いますが、実際に会社が普通社債を発行する場合に取締役会で決議することが多いのは①②③④⑤⑬となります。
　もっとも、取締役会設置会社では以下の事項を除き、代表取締役等にその判断を委任することができます（会社法362条4項5号・会社法施行規則99条1項）。
　ア　2以上の募集に係る会社法676条各号に掲げる事項の決定を委任するときは、その旨
　イ　募集社債の総額の上限
　ウ　募集社債の利率の上限その他の利率に関する事項の要綱
　エ　募集社債の払込金額の総額の最低金額その他の払込金額に関する事項の要綱

契約書編

第1章 概論

1 本編＜契約書編＞の構成

　第1章では、契約書作成に関する一般的な注意点を説明します。次に第2章では、不動産に関する契約書を作成する上での注意事項を、第3章では、金銭貸借に関する契約書を作成する上での注意事項を、第4章では、その他のジャンルに関する契約書作成上の注意事項について説明します。

2 契約書作成の意味

1 契約書作成の必要性（契約成立と契約内容の証拠）

　よく「口約束も契約だ（口約束も有効だ）」等といいます。これは法律的には正しい表現で、実は現行法上、ほとんどの契約は口約束でも有効に成立するとされているのです。逆にいうと、契約が有効に成立するためには法律上、契約書は不要なのです。

　しかし、我々は、ビジネスや商売上の取引関係において、あるいは個人的な日常生活の中で、契約書を作成する場面に数多く接しています。なぜ、法律上は不要である契約書をわざわざ作成するのでしょうか。

　その理由は、口約束だけで契約書を作成しないと、将来どうなるのかを考えればわかります。もしも口約束だけで契約書を作成しなかったら、後日、

当事者間で契約の成立や契約の内容についてトラブルが起きる可能性があります。契約成立や契約内容について当事者間の理解が食い違うこともあるでしょうし、「言った、言わない」の水掛け論となって紛争が拡大することもあります。

そこで、後日の紛争を予防するためには、契約の成立と契約の内容を明らかにして証拠として残しておく必要が生じます。契約書は、そのために作成するものなのです。

2 契約書作成の基本方針（後日の紛争予防のため）

契約書は、後日の紛争予防のためのものであるということは、後日の紛争予防に役立つように作成しなければなりません。つまり、後日の紛争が起きないようにするために、そして、いざ起きたときには紛争解決の指針となるように契約書を作成する必要があるのです。

これが契約書作成の基本方針であり、具体的に契約書を作成する際のバックボーンとなります。

しかしながら、現実には、後日の紛争予防のために契約書を作るのだという視点のないまま、安易に契約書に調印してしまうケースが非常に多いようです。それでは、せっかく契約書を作成したにもかかわらず、後日の紛争を防止することはできません。

契約書は、紛争予防のために作成するものであり、当事者間の記念品（思い出）のために作成するものではありません。言い換えると、紛争予防に役立たない契約書は、いわば単なる記念品や思い出にすぎないということです。紛争予防という観点を忘れて漫然と契約書に調印すると、後で痛い目に遭うのは自分なのだという点を肝に銘じる必要があります。

契約書を作るのは紛争予防のため、後日、自分が困らないためであることを忘れてはいけません。

第1章　概論　55

3 契約書作成上の一般的な注意点

1 契約書の基本的スタイル

(1) 基本的スタイルの重要性

　契約書の記載の仕方には、契約の種類を問わず、最低限これだけは書く必要がある、という基本的なスタイル、オーソドックスなパターンがあります。このスタイルを無視して契約書を書くと、トラブルの原因となります。それでは何のために契約書を作成したのかわからないので、まずは、契約書の基本的スタイルを確認しましょう。もちろん、契約の種類によって契約書の内容（各条文の内容）は変化しますが、それは、この基本的スタイルをベースにしたバリエーションの話にすぎません。

(2) 基本的スタイルの書式サンプル

　契約書の基本的スタイルの書式のサンプルは次のとおりです。なお、サンプル書式中の丸数字は、下記（3）基本的スタイルの記載事項の丸数字に対応しています。

【契約書の基本的スタイルの書式サンプル】

○○契約書　※①

　○○株式会社（以下「甲」という）と△△株式会社（以下「乙」という）は、……について以下のとおり合意する（以下「本契約」という）。

※②③

第1条　甲は乙に対し、……　※④
第2条　甲は、……
第○条　乙は、……

　本契約の成立を証するため、本書2通を作成し、甲乙各1通を所持する。

```
                                                          ※⑤
    平成○○年○○月○○日  ※⑥
       (甲) 住所  東京都……
             氏名  ○○株式会社
                   代表取締役社長  ○○○○  印  ※⑦
       (乙) 住所  埼玉県……
             氏名  △△株式会社
                   代表取締役  △△△△  印
```

（3） 基本的スタイルの記載事項

通常、契約書の基本的なスタイルとして、次のような事項を記載します。

① タイトル（表題）

まず冒頭にタイトル（表題）を書きます。タイトル（表題）の書き方には特にルールはありません。契約成立と契約内容の証拠となる書面であることがわかればOKです。

例えば、「契約書」、「合意書」、「覚書」等のような一般的なものでもよいですし、「売買契約書」、「金銭消費貸借契約書」等のように具体的にどういう内容の契約かがわかるような書き方でも構いません。

POINT（よくある間違い）

> タイトル（表題）においてよくある間違いは、タイトル（表題）の文言と契約内容（各条文の内容）が食い違うケースです。例えば、タイトルには「商品売買契約書」と書いてあるのに、各条文には商品販売の業務委託を契約内容としているような場合です。このような契約書は、たとえタイトルに「売買契約」と書いてあっても、法律上は業務委託契約を内容とする契約書と解釈されることになります。契約内容は本文の条項で定まるので、タイトル（表題）は一応の目安にすぎないことに注意してください。

② 当事者の表示

契約は契約当事者の間で効力を生じるので、誰と誰が契約したのかという当事者の表示を明記する必要があります。当事者の表示は、通常、前文の中に記載しますが、前文と区別して表記しても構いません。

POINT（よくある間違い）

> 　当事者の表示においてよくある間違いは、契約当事者となるべき人物を当事者として表示しないケースです。例えば、「第〇条　Aは、本契約に基づく甲の乙に対する債務について甲の連帯保証人として責任を負う」という条文を書いておきながら、その連帯保証人Aが契約当事者として表示されずに署名捺印もしていない契約書があります（つまり、甲と乙だけを当事者として表示して甲と乙だけが署名捺印したケースです）。これでは連帯保証人Aはその契約書の法律関係では部外者となり、その契約には拘束されません。つまり、Aはその契約書によって連帯保証人になることはないということです。逆に言うと、甲と乙が、Aを甲の連帯保証人にしたいと思ったら、Aを当事者として表示した上で、Aが署名捺印する必要があるということです。

③　前文

当事者が何についてどういう合意をしたのかを数行でまとめます。通常はここで当事者の表示をした上で、当事者名を甲とか乙とかの略称に言い換えます。

例えば、「〇〇株式会社（以下「甲」という）と△△株式会社（以下「乙」という）は、……」というように記載します。

④　本文（条文）

当事者の合意内容に従った条文を記載します。例えば、「第〇条　甲は乙に対し、……する」等と記載します。

条文の内容は、当事者の合意内容に従って明確に記載しなければなりません。曖昧な言葉や不明瞭な表現は、将来の紛争の原因になるので、使用しないようにしましょう。

条文の内容は、当事者の合意内容に従った法律効果が生じるように記載しなければなりません。

例えば、金銭の支払いを内容とする条文（当事者の一方が他方に何かを渡す条項を「給付条項」と呼びます）は、「甲は乙に対し、代金〇〇〇円を支払う」等と記載し、法律関係や事実関係を確認する内容の条文（当事者が法律関係や事実関係を確認する条項を「確認条項」と呼びます）は、「甲と乙は、……であることを相互に確認する」等と記載して条文を作成します。

⑤ 契約成立の証明文言

　本文（条文）が終了したら、その次に、例えば、「本契約の成立を証するため、本書２通を作成し、甲乙各１通を所持する」とか「本契約の成立と内容を証するため、本書２通を作成し、甲乙各１通宛保有する」等と記載します。

　この記載は、後日、当事者間で問題が生じたときに、「契約書にはこう書いてある」という主張の強力な基盤となります。「契約書を作成していない」とか「当方が保管している契約書には書いていない」等という相手方の反論を封じることができるのです。

⑥ 日付

　契約成立日を記載します。いつ合意が成立したのかは、法律上、重要な事柄です。日付を空欄にして調印することがよくありますが、トラブルの原因になりますので、必ず記載しましょう。

⑦ 署名捺印

　当事者は契約書に署名（記名）捺印をします。これによって契約成立の事実が明確になります。逆に言うと、当事者が署名（記名）捺印していない契約書のペーパーを証拠として、当事者間の合意成立を立証することは極めて困難です。

　ここで注意すべき点は、株式会社等の法人の場合には、代表権のある者がその法人を代表して行うことを明示して署名（記名）捺印をする必要がある、という点です。

　例えば、「○○株式会社　代表取締役社長　○○○○　代表印　」という形になります。この場合の捺印は代表印です。

　代表権のない者が勝手に会社の名前で署名捺印しても、法律上は原則として会社には契約の効力が及びません。

　したがって、もし、契約の相手方が契約書に「○○株式会社　総務部△△△△　個人印　」等というような、通常、代表権があるとは思われない署名捺印をした場合には、すぐに代表権の有無を確認した方がよいでしょう。代表権がない場合には、代表者名と代表印で署名捺印するよう訂正を要求すべきです。そのままにしておくと、後日のトラブルの原因にな

りかねません。

　なお、契約書に捺印する印鑑は、認め印でも構いませんが、相手方の本人確認や契約意思確認のために、実印と印鑑証明書を要求することもよくあります。

2　条文作成上の注意点
(1)　紛争予防の視点

　上記のとおり、契約書は将来の紛争予防のために作成するものです。したがって、契約書の条文を作成する際には、「紛争予防のためには用語や文章をどう工夫すればよいか」という視点を常に念頭に置いて、慎重に検討しなければなりません。

　紛争予防という視点を欠いたまま、漫然と日常用語で作文してもダメなのです。

(2)　形式面での注意点
①　文章はシンプルに短く書く

　紛争予防の視点から、1つの条文は可能な限りシンプルに短く書くのがよいでしょう。主語と動詞が1つずつの1文にするのが原則です。1つの文章の中にいろいろな内容を盛り込むことは、誤解を招く要因となりトラブルに発展するおそれがあるので禁物です。

POINT（よくある間違い）

> 　文章構成上、よくある間違いは、1文の中に、いろいろな内容を盛り込んだ結果、主語と動詞の対応が曖昧になってしまうというケースです。例えば、「第○条　甲と乙は、代金100万円を支払い、自動車を引渡し、今後定期的に商品を販売する」という条項では誰が何をするのかわかりません。程度の差はあるものの、このような条文は意外に多く、笑い事ではありません。

②　5W1Hを明記する

　紛争予防の視点からは、「誰が、誰に（Who）」、「いつ（When）」、「どこで（Where）」、「何を（What）」、「どのようにするのか（How）」、を明記します。例えば、「甲は乙に対し、平成23年1月1日、○○銀行で、金100万円を支払う」というパターンで条文にします。

日常生活上の会話や文章では、主語を省略することが多いので、「誰が、誰に」をいちいち明記することには違和感を覚えるかもしれません。しかし、そこが不明瞭だと後日のトラブルの原因になります。

　例えば、「第○条　金100万円を支払う」と書いても、誰が誰に支払うのかがわかりません。日常生活では主語を省略することが多くても、契約書の条文ではくどいと思うくらい明確に主語を書きましょう。

③　日常用語や関係者にしかわからない用語は書かない

　紛争予防の視点からは、日常用語や関係者にしかわからない用語を条文に書くことは止めましょう。もし使用する場合には、それがどういう意味なのかの説明を記載してください。後日に解釈が分かれるような用語は使用しない方がよいでしょう。せっかく契約書を作っても、後日、その意味を巡ってトラブルになっては困ります。誰が読んでも同じ意味となる用語を使用しましょう。

④　条文間で矛盾があってはならない

　「第1条ではこう書いてあるのに、第2条では違うことが書いてある」というように条文間に矛盾のあるケースもよくあります。条文は全体を通して読んで矛盾のないように調整しましょう。

（3）内容面での注意点

①　契約は止めるときのことも考えて作成する

　当事者は契約締結に向けて努力します。その結果、ようやく契約書に調印という段階になると、これで一安心とハッピーな気分になります。まさか目の前の相手と後日、紛争になって裁判沙汰になるかもしれない等とはこれっぽっちも思いません。そのため、漠然と、この契約はずっと上手くいくだろうと思って（期待して？）契約書を作ってしまいます。

　このようにして作成された契約書には、契約の止め方（解消方法）についての記載がないことが多いようです。

　しかし、それでは何のために契約書を作ったのかわかりません。契約書は紛争予防のために作ります。したがって、紛争が起きる前に、あるいは紛争が深刻化する前に、いかにして上手に契約を解消するかという観点も、契約書作成における重要なポイントとなります。

実際、当事者間でトラブルが生じる前に、あるいは深刻化する前に、さっさと契約を解消して相手と縁を切ってしまった方が得策な場合もあるのです。そのためには、契約を上手に解消する手順を契約書に書き込んでおく必要があります。手順を書いておかないと、契約を解消できないままズルズルと契約が続くことになってしまいます。
　例えば、次のような点に注意するとよいでしょう。

> ・契約有効期間を明記する
> ・途中解約（期間内解約）を明記する
> ・解除事由を列挙する

　継続的な法律関係に関する契約の場合に、契約の有効期間を定めない契約書がよくあります。そうすると、いくら途中で取引を止めたいと思っても契約解除の理由がない限り、原則として契約はズルズルと継続することになります。
　それでは困ると思う立場の当事者は、契約書に有効期間を明記することによって、その期間満了時に相手との関係を見直すチャンスを確保しておくことが肝要です。
　また、有効期間を定めた場合であっても、期間の途中で（期間満了前に）契約を解消したくなることもあります。そのような場合に備えて、途中解約（期間内解約）条項を入れておくことも検討に値します。契約違反の解除とは別物なので、途中解約の理由は問わないという内容にすると便利です。
　なお、相手方が契約に違反した場合は、契約書の条文に解除できると明記していなくても、法律上、債務不履行に基づく解除が可能です。
　しかし、契約違反ではないけれども、こういうことがあったら契約は解消したい、という考えがある場合には、それらの点を解除の事由として列挙しておいた方がよい場合があります。

② 協議事項はない方がよい

　非常によくある失敗例の1つに「協議する」条項の頻出があります。この「協議する」という書き方は契約当事者にとって都合のよいマジックワードだからです。

例えば、意見の食い違いがあって交渉が暗礁に乗り上げているときに、そこを「協議する」としてしまえば、双方ともメンツが立ちスムーズに契約書を調印することができます。また、協議事項とすることで何となく当事者双方の信頼関係が維持されるような気がします。そのせいか、この協議事項の条文は頻繁に使用されているのです。

　しかし、これは所詮、問題の先送りにすぎません。いざ協議してみたら協議がまとまらずトラブルに発展したという話はよくあります。契約書の条文が原因でトラブルになってしまっては、何のために契約書を作ったのかわかりません。

　特に、契約の中心となる重要な事柄（金額、支払方法、商品の引渡方法、業務委託の内容等）について協議事項にしてしまうと、協議がまとまらない限り何も話が進まないことになります。

　確かに、本当にそのときになって協議するしかないという事柄については、協議事項とするのもやむを得ません。しかし、それでも、契約書作成の時点で、重要な事柄についてはすべて白黒をつけて明記するようにして、「協議する」条項は入れないという方針で条文を作成した方がよいでしょう。紛争予防という契約書作成の目的に照らすと、協議事項は有害無益な条文だといっても過言ではないのです。

③ 紳士協定、訓示規定、努力規定等は書かない

　契約書には、いわゆる紳士協定、訓示規定、努力規定等が多く記載されています。

　例えば、「第〇条　甲と乙は、本契約を誠実に履行するよう努力する」とか「第〇条　甲と乙は、お互いの発展のために誠実に努力する」等といったものです。

　当事者にしてみれば、そういう心構えこそが重要なのであり、相手に覚悟を決めさせる意味で必要な条文だと考えるのかもしれません。

　しかし、それらは通常、不要な条文です。書いても書かなくても、当事者間の権利義務には影響しないのです。

　例えば、「本契約を誠実に履行するよう努力する」と書かなくても、契約を締結した以上は誠実に履行するよう努力するのは当然のことです。わ

ざわざ書く必要はありません。

　もちろん相手をその気にさせる、覚悟を持たせるという事実上の機能はあります。しかし、その条文を書くことによって契約全体が不明瞭な内容になることもあり、かえって、紛争の原因となることもあります。

　そうであれば、トラブルのリスクは極力抑える方針を取るのが正しいやり方です。紳士協定、訓示規定、努力規定等は書かないという方針で契約書を作成する方が賢明です。

④　不動産は特定する

　不動産関係の契約書の場合、契約対象となる不動産の表示は不動産登記簿謄本のとおりに記載するのが原則です。契約対象となる不動産を特定できないような記載をすると後日、トラブルになってしまいます。

⑤　金銭支払条項は支払方法を明記する

　金銭を支払う内容の条文は、支払に関する事項を明記しないと後日、トラブルになってしまいます。

　明記すべき事項は次のとおりです。

- 一括払いか分割払いか
- 支払期限はいつか
- 利息、遅延損害金はどうするか
- 期限の利益喪失条項を記載するか
- 支払方法はどうするか（持参、送金、取立等）
- 送金手数料はどちらが負担するか

⑥　合意管轄条項を明記する

　紛争予防のために契約書を作成したからといって、現実には紛争を100％防止することはできません。万が一、訴訟となった場合、管轄の関係で遠隔地の裁判所に訴訟が係属してしまうことがあります。

　それでは大変なので、もしものときに備えて、訴訟維持に便利な管轄裁判所を合意しておくことが大切です。

例えば、「本契約に関する一切の紛争については、○○地方裁判所を第一審専属管轄裁判所とすることを合意する」等という表現の条項を記載します。

第2章 不動産

1 不動産売買

Q：
　中古建物付の土地を売ろうと考えています。建物は築20年を超えており、あちこち痛んでいますが、買主はそれを承知の上で買いとることに合意しています。契約書作成にあたり、どのようなことに注意したらよいでしょうか？

A：
　現状有姿のまま売り渡すこと、売主が担保責任を負わないことを明記する必要があります。その他にも不動産売買契約にあたり、明確にしておくべきことがあります。

【不動産売買契約書サンプル】

不動産売買契約書

第1条　売主○○○○（以下「甲」という）は、買主○○○○（以下「乙」という）に対し、本日、後記表示の土地（以下「本件土地」という）及び建物（以下「本件建物」といい、本件土地と本件建物を総称して「本件不動産」という）を、現状有姿のまま売渡し、乙はこれを

買い受けた。
第2条　売買代金は、総額○○○○円とし、内訳は、本件土地につき○○○○円、本件建物につき○○○○円とする。
　2　乙は甲に対し、本日、手付金として金○○○○円を支払い、甲はこれを受領した。
　3　手付金は、残代金支払時に内金に充当する。
　4　乙は甲に対し、残代金○○○円を、平成○○年○○月○○日までに、本件不動産の所有権移転登記申請と引換えに支払う。　　　　　　※1
第3条　本件不動産の面積は、登記簿上の地積によるものとし、実測の結果、本件不動産の面積に増減があっても、甲、乙いずれも異議を述べず、売買代金の増減の主張その他いかなる金銭的要求をしない。
第4条　甲は乙に対し、平成○○年○○月○○日までに、残代金の支払と引換えに、本件不動産の所有権移転登記申請を行うものとし、同日までに本件不動産を引渡す。
　2　本件不動産の所有権は、乙が甲に対して、売買残代金全額を支払ったときに、甲から乙に移転する。
第5条　甲は乙に対し、本件不動産につき、抵当権、質権、地上権、地役権、賃借権等、乙の完全な所有権の行使を妨げる一切の権利の負担を消滅させ、完全な所有権を移転する。　　　　　　　　　　　※2
第6条　本件不動産に対する公租公課は、所有権移転登記完了時をもって区分し、その前日までのものは甲の負担、その日以降のものは乙の負担とする。　　　　　　　　　　　　　　　　　　　　　　　　※3
第7条　本件不動産の所有権移転登記に必要な登録免許税、登記申請に要する費用は乙の負担とし、印紙税その他契約に要する費用は、甲乙折半して負担する。
第8条　本件不動産が、その引渡完了前に、天災地変その他甲乙いずれの責にも帰すことのできない事由により、滅または毀損して本契約の履行が不可能となった場合、本契は当然に効力を失い、その損失は甲の負担とし、甲は受領済の金員を乙に返還しなければならない。
　　　　　　　　　　　　　　　　　　　　　　　　　　　　※4
第9条　甲又は乙が本契約に違背したときは、その相手方は催告その他何ら手続を要しないで本契約を解除し、その被った損害の賠償を請求できる。
第10条　甲は乙に対し、本件不動産を現況有姿のまま引渡すものとし、

　　　　売主としての一切の担保責任（権利の瑕疵、数量不足、一部滅失の場合の担保責任、瑕疵担保責任など）及び一切の債務不履行責任を負わない。　　　　　　　　　　　　　　　　　　　　　　　　※5
　第11条　本契約に定めなき事項については、その都度甲乙が協議して定める。

　本契約の成立を証するため、本書2通を作成し、甲乙各1通を保持する。

　　平成〇〇年〇〇月〇〇日

　　　　売主（甲）住所
　　　　　　　　氏名　　　　　　　　㊞
　　　　買主（乙）住所
　　　　　　　　氏名　　　　　　　　㊞
〈物件の表示〉
　1　土地の表示
　　　所在
　　　地番
　　　地目
　　　地積

　2　建物の表示
　　　所在
　　　家屋番号
　　　種類
　　　構造
　　　床面積

※1　不動産の売買では、手付の授受が行われることがあります。手付の額は、売買代金の1、2割程度です。
　民法557条1項は、「買主が売主に手付を交付したときは、当事者の一方が契約の履行に着手するまでは、買主はその手付を放棄し、売主はその倍額を償還して、契約の解除をすることができる」と規定しています。たとえ

債務不履行がなくても一方当事者が履行に着手するまでは、買主は手付を放棄して売買契約を解除することができ（手付損）、売主は手付金の倍額を買主に支払って契約を解除することができるというのです（手付倍戻し）。

このように民法が規定する手付は、解約手付の性質を有することになります。しかし、民法557条は任意規定であり、手付には、解約手付のほか、損害賠償額の予定としての手付、違約罰としての手付（債務不履行に際して本来の損害賠償とは別に没収できるもの）、証約手付（契約成立の証拠としての手付）があるといわれています。

最低限どの手付にも証約手付としての性質はあると考えられますが、不動産売買契約書作成にあたっては、手付がどのような性質を有するものであるかがわかるように規定すべきでしょう。

書式例では、解約手付として規定していますので、たとえ、当事者に債務不履行がなくても、履行に着手するまでは、手付損ないし手付倍返しによって契約を解除できることになります。

もし、損害賠償額の予定としての手付という趣旨にするのであれば、「○○条　乙の債務不履行により甲が本契約を解除した場合、甲は手付金を損害金として取得し、返還の義務を負わない。甲の債務不履行により乙が本契約を解除した場合、甲は乙に対し、手付金を返還すると同時に別途手付金と同額の金員を損害金として支払う」といった文言を入れることになります。

※2　売主が買主に移転する財産権は売主に属している必要はなく、他人物売買（売主以外の者の所有物を売買すること）も契約としては有効ですが、買主としては、完全な所有権の取得を目的として代金を支払うのが通常ですから、不動産売買契約書にはこのような条項をいれるのが一般的です。

※3　固定資産税等の公租公課の負担を明らかにしておく必要があります。書式例では、所有権移転登記完了時を基準にしています。

※4　双務契約の一方の債務が後発的な履行不能によって消滅した場合に、そのリスク（危険）を当事者のいずれが負担するかという問題を危険負担といいます。例えば、売買契約締結後、引渡前に建物が地震で倒壊してしまった場合、建物の引渡義務は後発的履行不能によって消滅しますが、買主の代金支払義務はどうなるでしょうか。この場合、買主の代金支払義務は存

続するという考え方を「債権者主義」（不能になった債務の債権者が危険を負担するという考え方）、買主の代金支払義務も消滅し、売主は代金をもらえないという考え方を「債務者主義」（不能になった債務の債務者が危険を負担するという考え方）といいます。

民法534条1項は、「特定物に関する物権の設定又は移転を双務契約の目的とした場合において、その物が債務者の責めに帰することができない事由によって滅失し、又は損傷したときは、その滅失又は損傷は、債権者の負担とする」と規定していますので、本件のような中古建物付土地の売買では、債権者主義がとられることになります。つまり、売買の目的たる建物が引渡も登記もないうちに地震によって倒壊してしまっても、買主は代金を支払わなければならないことになります。これは、買主にとって酷なことですし、当事者の通常の意思にも合致しません。

民法534条1項は任意規定ですから、これと異なった合意をすることは可能です。書式例では、「引渡」を基準とし、「引渡完了前」の滅失の場合には、代金支払義務も消滅するものと規定しています。

※5　売買の目的物が他人の物であったり、数量が不足していたり、隠れた瑕疵があったりした場合に、売主が負担する責任を担保責任といいます（民法560条〜571条）。担保責任の法的性質をめぐっては学説の対立がありますが、裁判例の多くは「法定責任説」という考え方によっています。すなわち、特定物（当事者がその物の個性に着目して取引の対象とした場合にその物を特定物といいます）の売買では、目的物は買主が選んだ特定の物に限定されるので、仮に当該目的物に瑕疵があったとしても、売主の義務としてはその物を引き渡すことに尽き、他から調達してきて完全な物を引き渡す必要はないことになります。しかし、それは売買の対価性に反し、当事者の合理的な意思にも合致しないので、法が特別に認めた責任が担保責任であるという考え方です。

担保責任の法的性質に関しては、「債務不履行説」（債務不履行責任の特則であるという捉え方）もあり、法的性質の捉え方によって、損害賠償の範囲、帰責事由の要否等の考え方も異なってくるとされています。

担保責任に関する民法の規定は任意規定なので、合意によって別の規定を

することが可能です。書式例は、中古建物付土地を現状有姿（今あるそのままの姿）で売買するものです。中古建物には隠れた瑕疵が存する可能性がありますが、売主は一切の担保責任を負わないとする条項を設けています。逆に、瑕疵担保責任の期間を、特約によって、民法の規定（契約の解除又は損害賠償の請求は、買主が事実を知った時から1年以内にしなければならない（民法570条、566条3項））よりも長くすることも可能です。

ただし、宅地建物取引業者が売主の場合には、その目的物の瑕疵担保責任の期間について、引渡の日から2年以上となる特約をする場合を除き、民法に規定するものより買主に不利となる特約をすることはできません。例えば、瑕疵担保責任の期間を引渡日から1年とする特約をつけた場合は、この特約は無効となります。

また、住宅の品質確保と促進等に関する法律（品格法）の規定により、新築住宅の場合、売主は、引渡の日から10年間、住宅の「基本構造部分」について、瑕疵担保責任を負うことが義務付けられてます。「基本構造部分」とは、「住宅の構造耐力上主要な部分又は雨水の浸入を防止する部分として政令で定めるもの」と規定されています。

「新築住宅」とは、完成後1年未満のもので、かつ、人が住んだことがないものをいいます。

1　売買とは

民法555条は、「売買は、当事者の一方（売主）がある財産権を相手方（買主）に移転することを約し、相手方がこれに対してその代金を支払うことを約することによって、その効力を生ずる」と規定しています。

つまり、売買は、売主がある財産権を買主に与えることを約束し、買主がその対価として代金を払うことを約束する、その意思の合致により成立するわけです。

このように、当事者の意思表示が合致するだけで成立し、目的物等の引渡し等を必要としない契約を諾成契約といいます。

意思の合致があれば成立しますので、契約書の作成は、売買契約の成立要件ではありません。しかし、不動産のように価値が高く重要な目的物を対象

とする不動産売買契約においては、第1章で挙げたように紛争予防のため契約内容を明確化し、後日疑義を生じないように契約書を作成するのが一般的です。

　契約が成立すると、売主には財産権を移転する債務、買主には代金を支払う債務が生じます。このように、契約当事者間に相互的な債権・債務関係が発生し、法律的な対価関係が存在する契約のことを双務契約といいます（一方だけが債務を負う契約を片務契約といいます）。

　また、財産権の移転とこれに対する対価の支払のように、契約の当事者が互いに対価的な支出を伴う契約を有償契約といいます（贈与契約のように契約の一方の当事者だけが義務を負い、他方の当事者は対価的な意味を持つ給付の義務を負わないものを無償契約といいます）。

　このように、売買契約は、諾成契約であり、双務契約であり、有償契約であるのです。

2　不動産売買契約書に何を書くか

　ひとくちに不動産の売買といっても、更地の売買、農地の売買、借地権の負担付土地の売買、借地権付建物の売買、建売住宅の売買、中古建物付土地の売買、マンションの売買等、目的物の現況は様々です。例えば、「借地権付土地売買契約書」、といったように目的物の現況が明らかになるような契約書の表題にすることが考えられます。

　売買は、売主がある財産権を買主に与えることを約し、買主がこれに代金を払うことを約することによって成立することから、売買の目的たる財産権の内容、代金の額と支払時期、財産権の移転時期等が基本的な要素といえます。

　財産権には、所有権に限らず、地上権、永小作権等の権利も含まれますが、不動産の売買という場合、通常は所有権の売買と考えられます。

　書式例では特に「所有権」とことわってはいませんが、所有権移転登記に関する条項等の存在により、不動産の所有権の売買であることが明らかになっています。

　目的不動産の特定のために、全部事項証明書の記載を引用して、物件の表示を記載します。例えば、土地の場合は、所在、地番、地目、地積の順に全部事項証明書どおりに記載します。

全部事項証明書の記載の面積や構造が実測の面積や構造と異なる場合もありますが、そのような場合は、全部事項証明書の記載とともに実際の面積や構造も記載しておきます。

　財産権の移転時期は、原則として売買契約締結時というのが通説ですが、当事者の特約によって移転時期を定めることが可能です。当事者の通常の意思としては、代金支払と引き替えに財産権も移転するというのが合理的と思われます。そこで、代金の支払時期を「○○年○○月○○日までに」というように明確にし、かつ、所有権の移転時期を代金の支払い時というように規定することが一般的です。そして、不動産の所有権移転を第三者に対抗するためには、登記を備えることが必要ですので（民法177条）、不動産売買においては、所有権移転登記申請と引き替えに代金を支払うこととすることが多いでしょう。そうでないと、買主が代金を支払ったのに登記を備えないうちに、売主の二重譲渡で第三者が先に登記を備えてしまうと、第一の買主は所有権を対抗できないことになって不都合だからです。

　書式例では、第4条で、残代金の支払と同時に所有権が移転するものと規定し、かつ、残代金の支払時期を所有権移転登記申請と引き替えとしています。

2　使用貸借

Q：
　近所に住む友人が自宅を建て替えることになり、建設工事の間、自家用車を私が所有している空き地に駐車させてほしいと頼まれています。
　親しい友人なので、建設工事の間という限定であれば無料で駐車させてあげてもかまわないと思っていますが、何か書面をとり交わしたほうがよいでしょうか？

A：
　たとえ親しい間柄とはいえ、後々お互いの考えがくいちがって紛争になると

> 困りますから、期間を区切って、駐車する自動車を特定する等契約書を作成しておくことが望ましいと思います。

【使用貸借契約書サンプル】

使用貸借契約書

東京都○○区○○町○-○-○
　貸主（甲）　○○○○
東京都○○区○○町○-○-○
　借主（乙）　○○○○　　　　　　　　　　　　　　　　　※1

第1条　甲は、その所有にかかる下記の土地（以下「本件土地」という）を以下の約定で乙に無償で貸し渡し、乙はこれを借受けた。

記

　　所在　東京都○○区○○町○○丁目
　　地番　○○番
　　地目　宅地
　　地積　○○.○○㎡　　　　　　　　　　　　　　　　　※2

第2条　使用期間は契約日から1年間とする。ただし、期間満了前であっても、甲に本件土地を使用する必要が生じた場合は、甲は1ヶ月前までに乙に通告して、本契約を解除することができる。　※3
第3条　乙は、本件土地を自家用車の駐車場として使用する。
　2　乙は、本件土地に駐車する自家用車の登録番号を予め甲に届け出なければならない。乙が自動車を変更した場合も同様とする。　※4
第4条　乙は、本件土地を前条の使用目的以外に使用してはならず、その他工作物を設けたり本件土地の現状を変更してはならない。

第5条　乙は、本件土地を第三者に使用させ、あるいは転貸・譲渡してはならない。
第6条　乙が本契約に違反した場合には、甲は何らの催告なしに本契約を解除することができる。
第7条　乙は、本契約終了時、本件土地を原状に復して甲に返還しなければならない。
第8条　乙が本件土地の明渡を遅滞したときは、乙は甲に対し、本件土地明渡済みまで1日当り金〇〇〇〇円の割合による遅延損害金を支払う。　　　　　　　　　　　　　　　　　　　　　　　　※5

平成〇〇年〇〇月〇〇日
　　貸主（甲）住所
　　　　　　氏名　　　　　　　　　印
　　借主（乙）住所
　　　　　　氏名　　　　　　　　　印

〈自動車の表示〉
　　登録番号
　　車台番号
　　型式

※1　使用貸借の当事者を明示します。
※2　使用貸借の目的物を明示します。
※3　使用貸借の期間を明示します。
※4　使用貸借の目的を明示します。本件では自動車の駐車場として使用することを目的としていますが、自動車を特定して無断転貸等を防止したり、第三者が勝手に駐車することを防止します。また、使用貸借関係終了後も自動車を放置されてしまったような場合に明け渡しの強制執行をするためにも、自動車を特定しておくことが便利です。
※5　借主が土地明け渡しを遅滞した場合に備えて、遅延損害金を定めておきます。

1　使用貸借とは

　使用貸借は、借主が無償で使用・収益した後、返還することを約束して、貸主から目的物を受け取ることによって成立する契約です（民法593条）。

　賃貸借との違いは、①無償であること、②目的物の返還を約束すること、③契約の成立には、貸主と借主の意思の合致のみならず現実に目的物を受け取ることを要することにあります。契約の類型としては、無償契約であり、要物契約であり、片務契約であるということになります。

　現代社会において、他人に無償で物を使用・収益させる関係というのは例外的で、親族関係等の親しい間柄等特別な関係を前提とするものといえます。そのような意味で使用貸借の社会的意義は小さくなっているといわれており、賃貸借よりも借主の地位が弱い点に特色があります。

　無償というのは、借主が目的物の使用・収益について貸主に対価を支払わないという意味ですが、具体的な事案で無償といえるかどうかの判断は難しいことがあります。

　判例は、「家主とその妻の伯父との間の部屋の貸借関係において、一般的にみて一畳分に相当する金員を支払っている場合には、右金員は室使用の対価というよりは、右関係に基づく謝礼とみるのが相当であり、右使用契約は使用貸借である（最判昭和35年4月12日民集14・5・817）」と判断したり、「建物の借主が、建物を含む貸主所有の不動産に賦課された固定資産税等の支払を負担する等の事実があるとしても、右負担が建物の使用収益に対する対価の意味をもつものと認めるに足りる特段の事情がない限り、当該貸借関係は使用貸借と認めるのが相当である（最判昭和41年10月27日民集20・8・1649）」と判断したものもあり、金員等の授受があったとしても、それが社会通念上目的物の使用・収益の対価と認められるかどうかという観点から、判断されることになると思われます。

　賃貸借契約との違いの2つ目は、引渡しによってはじめて契約が成立する要物契約であるという点です。無償である以上、単なる意思の合致だけでは契約の成立を認めることはできない、すなわち合意だけでは借主が裁判で貸主に目的物を貸すように求める権利は認められないということです。

　したがって、使用貸借契約成立時には、目的物は借主に引き渡されており、

貸主には引渡義務がありません。借主は、目的物の返還義務を負いますが、貸主はこれに対応する義務を負わないという点で片務契約ということになります。

2　借主の権利義務等

使用貸借の借主は、契約またはその目的物の性質によって定った用法に従い、その物の使用・収益をしなければなりません。また、借主は、貸主の承諾を得なければ、第三者に借用物の使用、収益をさせることができません。そして、借主が上記義務に違反したときは、貸主は契約の解除をすることができます（民法594条1項ないし3項）。

使用借主には、いかなる意味においても対第三者対抗力がありません。例えば、使用貸借の目的である土地を貸主（所有者）が第三者に売却した場合、借主は当該第三者に対して使用借権を主張することはできません。

3　使用貸借の終了

民法597条は、目的物の返還時期について、次のように規定しています。

1項　借主は、契約に定めた時期に、借用物の返還をしなければならない。
2項　当事者が、返還の時期を定めなかったときは、借主は、契約に定めた目的に従い使用及び収益を終った時に、返還をしなければならない。ただし、その使用及び収益をするのに足りる期間を経過したときは、貸主は、直ちに返還を請求することができる。
3項　当事者が返還の時期並びに使用及び収益の目的を定めなかったときは、貸主は、いつでも返還を請求することができる。

また、使用貸借が貸主と借主の特別な関係に基づくものであることが多いことから、借主の死亡によって使用貸借関係は終了し（民法599条）、借主の相続人に権利が承継されることはありません。

4　契約書作成のポイント

タイトル、貸借の当事者、目的物を明示すべきことは賃貸借契約と同様です。その他、上記のような使用貸借の特質に鑑み、目的物の返還時期や使用貸借の目的をどのように規定するかを検討する必要があります。

3 土地賃貸借

Q：
　当面の間、自分で使用する予定のない土地があるので、マンション建設用地に貸したいと考えています。しかし、賃貸期間の更新や建物買取を請求されることは困ります。よい方法はありますか？

A：
　存続期間50年以上の借地権を設定して、契約期間の更新や延長がなく、また建物買取請求を認めないことにする特約をした借地権（定期借地権）を利用する方法があります。
　定期借地権と一般の借地権の違いを理解しておきましょう。

【土地賃貸借契約書の標準的な書式サンプル】

土地賃貸借契約書

東京都〇〇区〇〇町〇−〇−〇
　　　　賃貸人（甲）　　〇〇〇〇
東京都〇〇区〇〇町〇−〇−〇
　　　　賃借人（乙）　　〇〇〇〇

第1条　甲はその所有する後記土地（以下「本件土地」という）を、後記建物所有の目的をもって乙に賃貸し、乙はこれを借り受けた。

第2条　賃貸借の期間は、平成〇〇年〇〇月〇〇日から平成〇〇年〇〇月〇〇日までの〇〇年間とする。

第3条　賃料は1ヶ月金〇〇〇〇円とし、乙は、毎月末日までに翌月分を甲の住所に持参して支払う。ただし、その賃料が経済事情の変動、公租公課の増額、近隣の賃料との比較等により不相当となったとき

は、甲は、契約期間中であっても、賃料の増額を請求することができる。

第4条　乙は、次の場合には、事前に甲の書面による承諾を受けなければならない。
　① 賃借権を譲渡するとき
　② 本件土地を転貸するとき
　③ 本件土地上の建物を増改築又は大修繕するとき
　④ 本件土地上の建物を第三者に譲渡するとき

第5条　乙が次の一つに該当したときは、甲は催告をすることなく直ちに本契約を解除することができる。
　① 賃料の支払を3ヶ月分以上怠ったとき
　② 賃料の支払をしばしば遅延し、その遅延が本契約における甲と乙の信頼関係を著しく害すると認められるとき
　③ 乙が、前条の規定に違反したとき
　④ その他、本契約に違反したとき

第6条　乙は、本契約終了の時、本件土地を原状に回復して直ちに甲に明け渡さなければならない。
　2　乙は、本契約が終了した場合において、現実に本件土地の明渡をしない間は、賃料相当額の2倍の損害金を支払う。

第7条　乙は、本件土地の明渡に際し、甲に対し、移転料その他これに類する金銭上の請求をしない。

第8条　本契約に関する紛争については、甲の住所地を管轄する裁判所を第1審の管轄裁判所とする。

　上記契約の成立を証するため、本契約書2通を作成し、甲乙各1通を保有するものとする。

　平成○○年○○月○○日
　　　賃貸人（甲）　住所
　　　　　　　　　　氏名　　　　　　　　　　印
　　　賃借人（乙）　住所
　　　　　　　　　　氏名　　　　　　　　　　印
　〈土地の表示〉
　　　所在　○○市○○町○○丁目

```
        地番  ○○番
        地目  宅地
        地積  ○○㎡
     〈建物の表示〉
        （省略）
```

【定期借地権設定契約書サンプル】

定期借地権設定契約書

東京都○○区○○町○−○−○
　　　　　賃貸人（甲）　　　○○○○
東京都○○区○○町○−○−○
　　　　　賃借人（乙）　　　○○○○

第1条　甲はその所有する後記土地（以下「本件土地」という）を、後記建物所有の目的をもって乙に賃貸し、乙はこれを借り受けた。
　2　甲及び乙は、本件賃貸借が乙のために借地借家法第22条に定める定期借地権を設定するものであることを承認した。
第2条　賃貸借の期間は、平成○○年○○月○○日から平成○○年○○月○○日までの50年間とする。
　2　前項の賃貸借の期間は更新しない。
　3　第1項の期間が満了する場合及びその期間が満了した後、乙が本件土地の使用を継続する場合にも、乙は契約の更新を請求することができない。
　4　第1項の期間満了前に本件賃貸借の目的である地上建物が滅失し、乙が新たに建物を築造した場合も、本契約は第1項の期間の満了により終了し、期間の延長はしない。
第3条　賃料は1ヶ月金○○○○円とし、乙は、毎月末日までに翌月分

を甲の住所に持参して支払う。ただし、その賃料が経済事情の変動、公租公課の増額、近隣の賃料との比較等により不相当となったときは、甲は、契約期間中であっても、賃料の増額の請求をすることができる。

第4条　乙は、次の場合には、事前に甲の書面による承諾を受けなければならない。

① 賃借権を譲渡するとき
② 本件土地を転貸するとき
③ 本件土地上の建物を増改築又は大修繕するとき
④ 本件土地上の建物を第三者に譲渡するとき

第5条　乙が次の一つに該当したときは、甲は催告をすることなく直ちに本契約を解除することができる。

① 賃料の支払を3ヶ月分以上怠ったとき
② 賃料の支払をしばしば遅延し、その遅延が本契約における甲と乙の信頼関係を著しく害すると認められるとき
③ 乙が、前条の規定に違反したとき
④ その他、本契約に違反したとき

第6条　乙は、本契約終了の時、本件土地を原状に回復して直ちに甲に明け渡さなければならない。

2　乙は、甲に対し、本契約終了の時に本件土地上に所有する建物その他乙が土地に付属させた物の買取りを求めることはできない。

3　乙は、本契約が終了した場合において、現実に本件土地の明渡をしない間は、賃料相当額の2倍の損害金を支払う。

第7条　乙は、本件土地の明渡に際し、甲に対し、移転料その他これに類する金銭上の請求をしない。

第8条　本契約に関する紛争については、甲の住所地を管轄する裁判所を第1審の管轄裁判所とする。

　上記契約の成立を証するため、本契約書2通を作成し、甲乙各1通を保有するものとする。

平成〇〇年〇〇月〇〇日
　　　（甲）　住所
　　　　　　　氏名　　　　　　　　　㊞

```
            （乙）住所
                氏名           ㊞

                       記

     〈土地の表示〉
       所在  ○○市○○町○○丁目
       地番  ○○番
       地目  宅地
       地積  ○○㎡
     〈建物の表示〉
          （省略）
```

※　一般の借地権と定期借地権との違いは、定期借地権の場合には、①存続期間が50年以上であること、②契約の更新や存続期間の延長がないこと、③建物買取請求をしない特約が可能であること等です。そこで、以上の２つの書式サンプルでは、まず【土地賃貸借契約書の標準的な書式サンプル】においてベースとなる一般の借地権契約のシンプルな形を紹介し、次に【定期借地権設定契約書サンプル】において、上記①②③がどのように条文に反映されるかが明確になるように表現しました。上記①は【定期借地権設定契約書サンプル】の第２条１項に、②は第２条２項・３項・４項に、③は第６条２項に登場します。

1　賃貸借とは

　賃貸借は、「当事者の一方が相手方にある物の使用及び収益を為さしむることを約し、相手方がこれにその賃金（賃料）を払うことを約する」ことによって成立する契約です（民法601条）。つまり、貸主の物を使用収益させる債務と、借主の賃料支払債務が対価関係にたつ、有償・双務・諾成契約です。

　賃貸借は社会的に重要な契約類型の１つで、特に不動産賃貸借は重要です。

賃借権は債権ですから、原則として、第三者対抗力がなく（民法605条）、存続期間が短く（民法602条、604条）、譲渡転貸ができない（民法612条）という弱い権利です。しかし、賃借人の地位を強化するために、歴史的に、建物保護に関する法律、借地法、借家法といった特別法による立法的な手当がなされてきました。

　その結果、賃借権が物権のような効力を有するようになりました（賃借権の物権化）。

　現在は、建物保護法、借地法、借家法は、借地借家法に一本化されていますが、借地借家法が施行された平成4年8月1日以前に設定された借地権、借家権については、原則として旧法が適用されることになっていることには注意を要します。

　また、農地の賃貸借については、農地法が賃借人保護の規制をしています。

2　借地権

　借地借家法の適用対象となるのは、「建物の所有を目的とする地上権及び土地の賃貸借」です（借地借家法1条）。

　借地借家法は、借地人の生活・営業を保護することを目的としますから、「建物」には橋、資材置場、ゴルフ練習場、ガソリンスタンド等は含まれません。

　借地権の存続期間は30年以上ですが、契約でそれより長い期間を定めたときは、その期間となります（借地借家法3条）。30年よりも短い期間を契約で定めても無効であり、期間は30年として扱われます。

　旧借地法では、堅固な建物の所有を目的とするときの存続期間は60年、非堅固な建物については30年としていましたが、借地借家法ではこのような区別をなくし、一律30年以上としました。

　借地権の更新については、当事者の合意による更新のほか、借地権者の請求による更新（借地借家法5条1項）、期間満了後借地権者が土地の使用を継続することによる更新（借地借家法5条2項）があり、更新後の期間は、借地権設定後最初の更新時は20年、その後の更新時は10年となります（借地借家法4条）。

　地主が更新拒絶するための要件については、借地借家法6条に定めがあります。

第2章　不動産　　83

借地権の存続期間が満了した場合に契約の更新がないときは、借地権者は、地主に対して、建物等を時価で買い取るよう請求することができます（借地借家法13条1項）。

3　対抗力

民法605条は、「不動産の賃貸借は、これを登記したときは、その後その不動産について物権を取得した者に対しても、その効力を生ずる」と規定し、賃借権を登記することによって対抗力を生じることを認めていますが、登記は賃貸人と賃借人の共同申請を要するため、賃貸人が登記に協力してくれないと対抗力を得られないという不都合があります。

借地借家法10条1項は、「借地権は、その登記がなくても、土地の上に借地権者が登記されている建物を所有するときは、これをもって第三者に対抗することができる」と規定し、賃借人の保護を図っています。

4　定期借地権

存続期間を50年以上として借地権を設定する場合においては、契約の更新、延長がなく、また、建物買取請求を認めないこととする特約を定めることができます（借地借家法22条）。この特約は公正証書等の書面によってする必要があります。土地の利用目的は問いません。

定期借地権は、存続期間が50年以上と長期なので、マンションやオフィスビル建築に利用されることが想定されています。存続期間の満了とともに借地権は消滅し、建物を収去して土地を返還することになります。

5　建物譲渡特約付借地権

建物譲渡特約付借地権も、更新のない借地権です。借地権設定から30年以上経過した日に、借地上の建物を地主に相当の対価で譲渡することを特約することができます（借地借家法23条）。例えば、資力のない地主が土地を有効活用したいという場合に、信託銀行やデベロッパー等が土地を30年以上の期間で借りて地上に賃貸マンションやオフィスを建設して収益を上げた後、30年以上経過したところで建物を地主に相当の価格で譲渡するような場合が想定されています。

6　事業用借地権

事業用借地権もまた更新のない借地権です。これは、「専ら事業の用に供

する建物の所有を目的とする場合」に限定され、存続期間は、10年以上20年以下と短くなっています。また、公正証書等の書面によって作成する必要があります。

4　建物賃貸借

> **Q：**
> 　事務所兼住宅として、所有する建物を貸したいと考えています。どのような点に注意して契約書を作成したらよいでしょうか？
> **A：**
> 　賃貸借の期間、賃料や敷金の他、建物の使用方法や、使用にあたっての禁止事項、修繕費用の負担等について規定しておくべきでしょう。

【建物賃貸借契約書サンプル】

建物賃貸借契約書

東京都〇〇区〇〇町〇-〇-〇
　　　　賃貸人（甲）　　〇〇〇〇
東京都〇〇区〇〇町〇-〇-〇
　　　　賃借人（乙）　　〇〇〇〇
東京都〇〇区〇〇町〇-〇-〇
　　　　連帯保証人（丙）　〇〇〇〇

第1条　甲は、乙に対し、下記の建物（以下「本件建物」という）を貸
　　　　し渡し、乙はこれを借り受けた。

記

　　所　在　東京都〇〇区〇〇町〇-〇-〇
　　構　造　〇〇〇〇　〇階建
　　床面積　1階　〇〇㎡
　　　　　　2階　〇〇㎡

第2条　賃貸借の期間は、平成〇〇年〇〇月〇〇日から平成〇〇年〇〇月〇〇日までの〇〇年間とする。

第3条　賃料は1ヶ月金〇〇〇〇円とし、乙は甲に対し、毎月末日までに翌月分を甲の指定する下記口座に送金して支払う（送金手数料は乙の負担）。ただし、1ヶ月に満たない期間の賃料は日割り計算による。

　　〇〇銀行　〇〇支店　普通　〇〇〇〇
　　口座名義：〇〇〇〇

第4条　乙は、本契約締結と同時に、甲に対し、敷金として金〇〇〇〇円を預託し、甲は、これを受領した。

　2　乙は、本件建物を明け渡すまでの間、敷金をもって賃料その他の債務と相殺することはできない。

第5条　乙は、本件建物の1階部分を事務所として、同2階部分を乙の住居として利用し、他の用途に利用してはならない。

第6条　乙は、甲の書面による事前の承諾なしに、次の事項をしてはならない。

　① 本件建物の賃借権を譲渡し、又は本件建物を転貸すること
　② 本契約書添付の入居者名名簿記載の者以外の者を居住させ、又は共同使用させ、その他事実上賃借権の譲渡又は転貸と同視できる行為をすること
　③ 本件建物の増改築、改造、模様替え、看板の設置、照明器具の変更、大型機器の搬入、造作の設置・改廃等を実施すること

第7条　乙は、善良なる管理者の注意義務をもって本件建物を使用するものとし、特に次の事項を厳守する。

　① 騒音を発するなどして近隣住民に迷惑をかけないこと
　② 動物を飼育しないこと
　③ 本件建物前の道路に長時間自動車、自転車を駐車、駐輪しないこと

第8条　本件建物の躯体等主要構造部分に関する修繕は甲がこれを行い、電球の取り替え、障子、ふすま、窓ガラス及び畳の交換、その他費用軽微な部分修繕は、乙の負担でこれを行う。ただし、乙は、修繕にあたり甲に事前の承諾をえなければならない。

第9条　乙が次の各場合の一つに該当する場合、甲は、何らの催告を要せず本契約を直ちに解除することができる。
① 本契約書各条項の禁止事項に反した場合
② 賃料を2ヶ月分以上滞納した場合　　　　　　　　　　　※1

第10条　乙は、本契約の終了までに、本件建物内に乙が所有又は保管する物件をすべて引上げ、かつ、乙の設置した造作を取外して原状を回復した上で、本件建物を明け渡す。

第11条　甲は、本契約が終了し、乙から本件建物の明渡しを受けた場合、遅滞なく第4条の敷金を返還する。

　　ただし、甲は、本件建物の明渡しに際し、乙に対して未払賃料請求権、原状回復費用請求権その他本契約に関して乙の債務不履行による損害賠償請求権を有している場合には、敷金をこれらの債務の弁済に充当することができ、その残額を乙に返還すれば足りる。※2

第12条　本契約に定めのない事項又は本契約の条項について疑義が生じた場合については、甲乙誠意をもって協議し、解決を図る。

第13条　丙は、本契約により乙が甲に対して負う一切の債務（損害賠償を含む）を保証し、乙と連帯して履行の責めを負う。

第14条　甲、乙及び丙は、本契約から生じる紛争について、東京地方裁判所を第一審の管轄裁判所とすることに合意する。

　平成〇〇年〇〇月〇〇日
　　　賃　貸　人（甲）住所
　　　　　　　　　　　氏名　　　　　　　　　㊞
　　　賃　借　人（乙）住所
　　　　　　　　　　　氏名　　　　　　　　　㊞
　　　連帯保証人（丙）住所
　　　　　　　　　　　氏名　　　　　　　　　㊞

※1　書式例の契約書では、賃借権の譲渡・転貸の場合（第6条1項）、賃料の2か月分の滞納の場合（第9条2項）等に賃貸人は無催告で賃貸借契約を解除できると定めています。契約書の文言にこのように規定することは一般的ですが、裁判で問題となった場合に必ず解除が認められるかどうかは微妙な問題があります。

　　すなわち、判例は、「賃借人が賃貸人の承諾なく第三者をして目的物を使用収益させた場合でも、その行為が賃貸人に対する背信的行為と認めるに足りない特段の事情があるときは、解除権は発生しない」（最判昭和28年9月25日民集7・9・979）、「建物の所有を目的とする土地賃貸借契約中に、賃借人が賃貸人の承諾を得ないで借地内の建物を増改築したときは、賃貸人は催告を要せず契約を解除できる旨の特約がある場合でも、増改築が土地の通常の利用上相当であり、賃貸人に著しい影響を及ぼさないため、当事者間の信頼関係を破壊するおそれがあると認めるに足りないときは、賃貸人は右特約に基づき解除権を行使することは許されない」（最判昭和41年4月21日民集20・4・720）、「訴訟上の和解で、賃借人が賃料の支払いを1回でも怠ったときは賃貸借は当然解除となる旨が定められた場合でも、賃料の延滞のために当事者間の信頼関係が、契約の当然解除を相当とする程度にまで破壊されたといえないときは、右和解条項に基づき賃貸借契約が当然に解除されたものとは認められない」（最判昭和51年12月17日民集30・11・1036）等としており、当該債務不履行が当事者間の信頼関係を破壊したといえるかどうかという視点から判断しており、債務不履行があればただちに解除が認められるとは限らないということです。

※2　敷金は、賃貸借終了後目的物の明渡義務履行までに生ずる損害金その他賃貸借契約関係により賃貸人が賃借人に対して取得する一切の債権を担保するための金銭です。したがって、敷金返還請求権は、目的物明渡完了の時に、それまでに生じた被担保債権を控除して、なお残額がある場合に、その残額について発生します（最判昭和48年2月2日民集27・1・80）。

　　賃借人の原状回復義務と敷金の関係で、どこまで入居当時の状態に戻さなければいけないのか、その際に必要となった修繕費、ルームクリーニング代等は賃貸人、賃借人のどちらが負担するのか、ということが問題になり、

トラブルも少なくありません。

一般に賃貸物件の修繕は、賃借人の落ち度による汚損・破損の場合を除いては、賃貸人の義務であり、その費用も賃貸人が負担するというのが民法606条の定める原則です。賃借人の通常の使用に伴う損耗は、賃料に含まれていると考えられるからです。

原則と異なる特約がどこまで認められるか裁判例もわかれており一概にはいえませんが、最高裁は、「賃貸借契約においては、物件の損耗の発生は本質上当然予定されているものであるので、通常損耗についての現状回復義務を賃借人に負わせる旨の特約は、賃借人が費用負担をすべき通常損耗の範囲が賃貸借契約書に明記されているか、賃貸人が口頭で説明し賃借人がそれを明確に認識して合意の内容としたと認められるなど、明確に合意されていることが必要である」（最判平成17年12月16日判時1921・61）と判示したものがあります。

賃貸人としては、契約書に別紙として賃借人の負担すべき原状回復の範囲を特定する等しておくべきでしょう。

1　建物賃貸借の一般論

賃貸借契約の一般論については、後述の土地賃貸借の項を参照してください。建物を目的とする賃貸借契約についても、借地借家法による変容がありますので、借地借家法の適用のある建物賃貸借契約かどうかに注意してください。

例えば、間がりのように「建物の一部」を借りているような場合、借地借家法の適用があるかどうかが問題になりますが、判例は、「建物の一部であっても、障壁その他によって他の部分と区画され、独占的排他的支配が可能な構造・規模を有するものは、借地法1条（旧法）にいう建物であると解すべきである」としており（最判昭和42年6月2日民集21・6・1433）、一軒家の一部の賃貸借も借地借家法の適用対象となる場合があります。

2　建物賃貸借の期間

建物賃借権の存続期間は、当事者が合意によって定めた期間となりますが、

賃借人の保護のため1年未満の期間を定めた場合は、期間の定めのない建物賃貸借とみなされます（借地借家法29条）。

民法617条によれば、期間の定めのない賃貸借契約は、各当事者がいつでも解約申入れができることとされ、建物の賃貸借は解約申入れの日から3ヶ月経過することにより終了するものとされていますが、借地借家法27条は、建物の賃貸人が解約を申入れる場合には、解約申入れの日から6ヶ月経過することにより終了します。

また、賃貸人が解約の申入れをするには正当事由が必要です（借地借家法28条）。

期間の定めのある借家契約には、借地と同様、法定更新の制度があり、建物の賃貸人は、期間満了の1年前から6ヶ月前の間に更新拒絶の通知をしなければ、従前と同一の条件で更新されます（借地借家法26条）。また、更新拒絶には正当事由が必要です（借地借家法28条）。

さらに、正当事由のある解約申し入れ又は更新拒絶がなされても、借家人が使用を継続している場合に、これに対して建物賃貸人が遅滞なく異議を述べなければ、やはり法定更新されます（借地借家法26条2項）。

正当事由の有無を判断する際には、当事者（転借人がいる場合は借家人側の事情に含まれる）の建物使用の必要性に加えて、従前の経過、建物の利用状況、建物の現況、立退料といった要素が考慮されます。

3　対抗力

借地と同様、建物賃貸借においても賃借権の登記がなくても、建物の引渡しがあったときは、その後その建物について物権を取得した者に対し対抗できるものとされています（借地借家法31条）。

4　造作買取請求権

賃貸借契約が終了すると、借主は目的物を原状に復してこれに付属させたものを収去する（例えば、借主が設置したエアコンをとりはずして元の状態にもどす）ことができるのが原則です（民法616条、598条）。条文の文言では、「収去することができる」となっていますが、収去は借主の義務でもあります。

賃借人が目的物に自分の物を付加した場合、その分離が物理的にも経済的

にも容易であるとき（例えば、賃借人の持ち込んだ家具、照明器具等）は、そのような付属物は賃借人の所有物にとどまり、賃借人は収去義務を負うのが原則です。

しかし、借地借家法33条は、「畳、建具その他の造作」すなわち、分離が物理的にも経済的にも容易であるけれど、建物の使用に客観的な便益を与える物（造作）の買取を賃貸人に要求することができることにして、賃借人の保護を図っています。

造作には畳、建具のほかに、雨戸、ガラス戸、障子、吊り棚、水道設備等も含むといわれています。

なお、分離が物理的に不可能であったり、可能であっても経済的に損失が大きいという場合（賃借人が貼った壁紙、賃貸人の同意を得て賃借人が増築した部分等）は、建物に附合して賃貸人の所有となり、借主は所有権を失いますが、その代わりに、民法608条の規定に従って賃貸人に対して費用を請求することができます。

6　定期建物賃貸借

（1）定期建物賃貸借とは

定期建物賃貸借とは、契約で定めた期間が満了すると、更新されることなく終了する賃貸借契約です。

従来、建物賃貸借契約では、「正当事由」がある場合でなければ賃貸人から契約の更新拒絶や解約の申入れができないこととされていましたが、これは、賃貸人にとって大きな負担となり、建物の賃貸借の活性を阻害していました。

そこで、借地と同様、建物賃貸借においても、一定の要件のもとで、契約期間の更新がなく期間の満了により終了させることが認められました。これが定期建物賃貸借です（借地借家法38条）。

契約終了後も賃借人（借主）が居住し続け、賃貸人がこれに異議を述べなかった場合でも、自動更新されることなく契約関係は確定的に終了することとなります。

（2）定期建物賃貸借契約のポイント

定期建物賃貸借の要件として、第一に、期間を確定的に定めることが必要

第2章　不動産　　91

です。定期建物賃貸借では、1年未満の建物賃貸借を期間の定めのないものとみなす規定（借地借家法29条）は適用されないので、1年未満の期間でもかまいません。

　形式上の要件としては、「公正証書による等書面によって契約する」ことが必要です。

　貸主は借主に対して、契約の更新はなく、期間の満了とともに契約が終了することを、契約書とは別にあらかじめ書面を交付して説明しなければなりません。

　貸主がこの説明を怠ったときは、その契約は定期借家としての効力は否定され、通常の、契約の更新のある借家契約になります。

　定期建物賃貸借において、契約期間が1年以上の場合は、賃貸人は期間満了の1年前から6ヶ月前までの間（「通知期間」といわれています）に、賃借人に契約が終了することを通知する必要があります。

　なお、期間満了前に、引き続きその建物を使用することについて当事者双方が合意すれば、再契約したうえで、引き続きその建物を使用することは可能です。

　また、居住用建物の定期建物賃貸借では、契約期間中に、賃借人にやむを得ない事情（転勤、療養、親族の介護等）が発生し、その住宅に住み続けることが困難となった場合には、賃借人から解約の申入れをすることができます。

　この場合、解約の申し入れの日から1ヶ月経過することにより契約が終了します。ただし、この解約権が行使できるのは、床面積が200平方メートル未満の住宅に居住する賃借人に限られます。

　定期建物賃貸借では、賃料の改訂に関して特約をすれば、家賃増減請求権の適用はありません。

7　取壊し予定の建物の賃貸借

　法定又は契約により一定期間経過後に建物を取り壊すべきことが明らかな場合において、建物の賃貸借をするときは、建物を取り壊す時期に賃貸借が終了することを定めることができます。

　この特約は、建物を取り壊すべき事由を記載した書面によってしなければ

なりません（借地借家法39条）。

第3章 貸し借り

1 金銭消費貸借

Q：
友人から100万円貸してほしいと頼まれました。簡単な借用書ではなく、利息のとりきめもして、きちんとした契約書を作成したいのですが、どうしたらよいでしょうか？

A：
利息や返済時期を明確にすべきでしょう。分割で返済してもらうのなら返済期間および、返済期をすぎた場合の損害金についても定めておく必要があります。

【金銭消費貸借契約書サンプル】

金銭消費貸借契約書

貸主（甲）○○○○
借主（乙）○○○○

　甲と乙は、次の通り金銭消費貸借契約を締結した。

第1条　甲は乙に対し、本日、金100万円を貸付け、乙はこれを受領した。

第2条　乙は、甲に対し、前条の借入金100万円を平成○○年○○月から平成○○年○○月まで毎月末日限り金10万円宛分割して、甲方に持参して支払う。

第3条　利息は年1割とし、毎月末日限り当月分を甲方に持参して支払う。

第4条　乙は、期限の利益を失ったときは、以後完済に至るまで、甲に対し、残元金に対する年1割4分の割合による遅延損害金を支払う。

※1

第5条　乙は、次の事由の一つが生じた場合、当然に期限の利益を失い、直ちに元金から既払い分を控除した残額及び未払利息を支払う。※2

① 第2条の分割金又は第3条の利息を1回でも期限に支払わないとき

② 他の債務につき仮差押、仮処分又は強制執行を受けたとき

③ 破産、民事再生又は会社更生手続開始の申立を受けたとき

④ 乙の振出、裏書、保証にかかる手形・小切手が不渡となったとき

⑤ 乙が甲に通知せずに住所を変更したとき

　上記の金銭消費貸借契約を証するため、本契約書2通を作成し、各当事者署名押印のうえ、各1通を所持する。

　平成○○年○○月○○日

　　　貸主（甲）住所
　　　　　　　氏名　　　　　　　印
　　　借主（乙）住所
　　　　　　　氏名　　　　　　　印

※1　利息制限法は、金銭を目的とする消費貸借上の債務の不履行による賠償額の予定についても、その賠償額の元本に対する割合が、利息制限法1条に規定する率の1.46倍を超えるときは、その超過部分を無効としています（利息制限法4条）。

※2　消費貸借の目的物の返還時期については既述のとおりです。借主は、期限

までは返さなくても良いという利益を与えられていますが、貸主にとって、返還時期がきたときに借主が実際に返還してくれるのだろうかと不安を感じるような事態が発生した場合に、貸主としては期限まで手をこまねいて待っているわけにはいきません。そこで、期限の利益の喪失約款を入れることが一般的です。

1　消費貸借とは

　消費貸借は、当事者の一方が、種類、品質および数量の同じ物をもって返還をすることを約して相手方から金銭その他の物を受け取ることによって効力を生じる契約です（民法587条）。借主は、貸主から借りた物の所有権を取得してこれを消費し、代わりに、同種、同品質、同量の物を貸主に返還します。

　消費貸借の目的物は金銭が一般的ですが、米等金銭以外の物でも目的物になりえます。

　消費貸借の成立には、借主が貸主から目的物を受け取ることを要するので（要物契約）、契約成立後には、貸主には貸す債務というものはすでになく、借主だけが返還債務を負うという点で片務契約です。

　民法上の消費貸借は無償が原則で、当事者が利息の合意をしない限り無利息とされていますが（無償契約）、実際には、ほとんどの場合利息つき（有償契約）です。

　なお、商人間の消費貸借については、貸主は法定利息（年6分）を請求できるものとされています（商法513条1項）。

2　返還時期

　借主は、貸主に対して目的物と同種、同品質及び同量の同じ物を返還する義務を負いますが、返還時期は、当事者が返還時期を定めたときは、そのときが返還すべき時期になります。

　当事者が返還の時期を定めなかった場合は、貸主は相当の期間を定めて返還の催告をすることができます（民法591条1項）。消費貸借は、借主が目的物を消費（利用）して何らかの利益を享受するために行われるのですから、貸主が直ちに返還を求めることは不合理だからです。

　「相当の期間」がどの程度の期間を指すのかは一義的ではありませんが、

契約の目的や目的物の性質、数量等、その他の個別具体的事情から合理的に推測することになるでしょう。

あまりに短い期間を定めて返還の催告をしても、貸主の定めた期間が相当でないことになり、この期間の経過によっては返還を求めることができないことになりますが、催告自体が無効になるわけではなく、催告から客観的に相当な期間を経過すれば返還時期が到来します。

判例は、「催告に一定の時期や期間を、当事者が明示していなくとも、その催告の時から返還の準備をするのに相当の期間が経過した後には、借主は遅滞の責めに任ずる」（大判昭和5年1月29日民集9・97）としています。

返還時期を定めなかった場合、借主の方からはいつでも返還できます（民法591条2項）。

3　利息

既述のとおり、民法上の原則は無利息ですが、当事者の合意により利息をつけるとする場合がほとんどです。当事者が単に利息をつけることだけを合意した場合、法定利息年5分となります（商人間の場合は年6分）。

当事者が利率まで合意する場合には、利息制限法の規制に注意する必要があります。

利息制限法1条は、金銭を目的とする消費貸借における利息の契約に関して、制限利率を超える部分を無効としています。

① 元本の額が10万円未満の場合：年2割
② 元本の額が10万円以上100万円未満の場合：年1割8分
③ 元本の額が100万円以上の場合：年1割5分

そして、債権者が受領する元本以外の金銭は、礼金、割引金、手数料、調査料その他いかなる名義をもってするかを問わず利息とみなすものとされています（利息制限法3条）。

また、利息を天引きした場合は、天引額が、借主の受領額を元本として上記利率で計算した金額を超えているときは、その超過部分は元本の支払いに充てたものとみなすこととされています（利息制限法2条）。

かつては、借主が利息制限法1条に規定する制限利息を超過する部分を任意に支払ったときに、借主はその超過部分の返還を請求することができない

とされていました（改正前利息制限法 1 条 2 項）。

しかし、判例は、「債務者が任意に支払った利息制限法の制限超過の利息・損害金は、当然に残存元本に充当される」（最大判昭和39年11月18日民集18・9・1868）とし、次いで、「利息制限法所定の制限を超える利息・損害金を任意に支払った場合において、制限超過部分の元本充当により計算上元本が完済となったときは、債務者はその後に債務の不存在を知らないで支払った金額につき返還を請求することができる」（最大判昭和43年11月13日民集22・12・2526）と判示し、改正前利息制限法 1 条 2 項は空文化していました。そこで、平成18年の改正によって削除されました。

2 債権譲渡

Q：
　当社は、乙社に対して売掛金3,000万円の債権を有していますが、乙社は、弁済に代えて、乙社の丙社に対する売掛金債権を当社に譲渡すると言っています。当社はどのような対応をしたらよいでしょうか？

A：
　乙丙間の債権譲渡を受けるにあたり、乙社と債権譲渡契約書を締結すべきでしょう。債権譲渡のしくみを理解し、債権譲渡通知の重要性をおさえましょう。

【債権譲渡契約書サンプル】

債権譲渡契約書

　○○○○株式会社（以下「甲」という）と株式会社○○○○（以下「乙」

という）は、以下のとおり債権譲渡契約を締結する。

第1条　乙は、甲に対する甲・乙間の平成〇〇年〇〇月〇〇日付〇〇売買契約に基づく代金債務金〇〇〇円の弁済のため、乙が丙に対して有する下記債権を甲に譲渡する（以下「本件債権譲渡」という）。

記

　乙が、株式会社〇〇〇〇（以下「丙」という）に対して有する乙・丙間の平成〇〇年〇〇月〇〇日付売買契約に基づく〇〇〇代金債権金、金〇〇〇円（以下「譲渡債権」という）

第2条　乙は丙に対し、遅滞なく確定日付ある証書をもって本件債権譲渡の通知をなし、または丙の確定日付ある証書による承諾を得なければならない。　　　　　　　　　　　　　　　　　　　　　　　　※1
第3条　乙は甲に対し、譲渡債権につき丙から乙に対抗しうる何らの事由もないことを保証する。　　　　　　　　　　　　　　　　　※2
第4条　乙は、甲の承諾なく、譲渡債権を取立て、譲渡し、その他甲の権利行使を妨げてはならない。
第5条　乙は甲に対し、別紙のとおり債権譲渡通知書を作成し押印の上交付し、丙に対して内容証明郵便にて発送する権限を与える。　※3

　平成〇〇年〇〇月〇〇日
　　（甲）住所
　　　　　氏名　　　　　　　　㊞
　　（乙）住所
　　　　　氏名　　　　　　　　㊞

※1　債権譲渡の通知は、譲渡人から債務者に対してしなければなりません。譲受人としては譲渡人が債務者に通知をしてくれないとどうしようもありませんから、債権譲渡契約にあたっては、譲渡人に通知を義務付けるような条項を入れる必要があります。

※2　債権譲渡は、債権の同一性を保ったまま債権を移転する契約ですので、債務者は債権譲渡の通知を受けたとしても、譲渡人に対して対抗することができた事由を譲受人に対しても対抗することができます（民法468条2条、異議をとどめない承諾につき同条1項参照）。債権の譲受人としては、自分のあずかり知らない抗弁事由があっては困りますので、このような条項を入れておくとよいでしょう。

※3　債権譲渡の通知を確実に発送するために、債権譲渡契約の時点で譲渡人に通知書を作成させて、譲受人が発送できるようにしています。

1　債権譲渡とは

債権譲渡とは、債権の同一性を保ちながら、契約によって譲渡人から譲受人に債権を移転させることをいいます。

債権譲渡によって、債権を動産や不動産のような財産として取引の対象とすることが可能になり、債権回収のための手段、担保の手段、取立の手段等、様々な経済的目的で利用されています。

2　債権譲渡の客体

民法は、「債権は、譲り渡すことができる」と認めています（民法466条1項）。しかし、債権の譲渡性にも制限があります。

第1に、「その債権の性質がこれを許さないとき」です（民法468条1項但書）。債権が、債権者・債務者の個人的関係や個性を基礎としていて、債権者が変わってしまうと給付の内容が変質してしまうような場合のことです。

例えば、特定の人の肖像画を描く債務のように、債権者との関係で債務の内容が規定されているような場合に、勝手に債権譲渡されて、別の人の肖像画を描いてくれといわれても、そういうわけにはいかないということです。

第2に、法律上、債権譲渡が制限されている場合があります。扶養請求権（民法881条）、災害補償を受ける権利（労基法83条2項）、社会保険における保険給付を受ける権利（健康保険法61条等）等です。

第3に、特約による制限です。債権者・債務者間の特約によって債権譲渡を禁止することができます（民法466条2項）。銀行預金債権、公共事業の建設請負代金債権等の国、地方自治体等の公共団体を債務者とする債権は、ほ

とんどの場合譲渡禁止特約がついています。

　もっとも、譲渡禁止特約は、善意の第三者に対抗することはできません（民法466条2項但書）。条文の文言は「善意」のみを要求していますが、判例は、「譲渡禁止の特約のある債権の譲受人は、その特約の存在を知らないことにつき重大な過失があるときは、その債権を取得し得ない」（最判昭和48年7月19日民集27・7・823）として「無重過失」であることが必要としています。

　重過失とは、通常の過失に比較して注意義務を欠く程度が著しいことを言います。つまり、特約の存在を知らないと、過失があっても債権を取得することができますが、重過失があるときは、保護されず、債権を取得できないことになります。そして、「銀行預金の譲渡禁止特約は、銀行取引の経験のある者にとって周知の事柄に属する」と判示していますので、銀行預金の譲渡禁止特約は、結果的に常に第三者に対抗できることになります。

　第4に、譲渡制限というのとは少し違いますが、債権譲渡は、その時期や方法等により、場合によっては他の債権者を詐害する行為にあたるとして取り消されることがあります（民法424条1項）。また、否認権行使の対象となることもありますので、注意を要します（破産法160条、民事再生法127条、会社更生法86条）。

3　指名債権の譲渡

　指名債権とは、債権者が誰であるか特定しており、債権の成立・譲渡のために証書の作成・交付を要しないものをいいます。手形・小切手のように証券化した債権以外の債権ということになり、普通に「債権」と呼ばれるものです。

　「指名債権の譲渡は、譲渡人が債務者に通知をし、又は債務者が承諾をしなければ、債務者その他の第三者に対抗することができない」とされています（民法467条1項）。債権譲渡は、物権変動と同様、譲渡人と譲受人の契約によって債権移転の効果を生じますが、その効果を債務者その他の第三者に対抗するためには、譲渡人が債務者に通知するか、債務者が承諾しなければならないということです。

　そして、債務者以外の第三者に対抗するためには「確定日付のある証書」による債務者への通知、または債務者の承諾が必要とされています（民法

467条2項)。

　すなわち、債務者に対する対抗要件としては口頭でも書面でもよいが、債務者以外の第三者に対しては、「確定日付ある証書」による必要があるのです。
　「確定日付のある証書」というのは、民法施行法5条に列挙されている証書をいい、公正証書のほか、通常利用されるのは内容証明郵便です。通知行為または承諾行為について「確定日付ある証書」を必要とするということで、通知または承諾があった旨を「確定日付ある証書」によって証明せよという意味ではありません。
　なお、「通知」は債権譲渡人から債務者に対して通知しなければならず、譲受人が債務者に通知しても効力はありません。

4　指名債権の二重譲渡と優劣

　指名債権が二重に譲渡された場合、譲受人相互の間の優劣は、確定日付のある通知が債務者に到達した日時、または確定日付ある債務者の承諾の日時の先後によって決すべきものとされています（最判昭和49年3月7日民集28・2・174)。
　これは、民法467条の趣旨が、債権を譲り受けようとする者は、債務者に本当に債権が存在するのか、他に優先する権利者がいないかを確認しようとするのが通常なので、債務者に債権に関する情報を集約することにして、債務者にいわば情報センターの役割を果たさせ、債権取引の安全を図ろうとすることにあるからです。そのような趣旨からすれば、確定日付の先後ではなく、債務者に到達した日の先後が重要になるわけです。
　それでは、確定日付のある債権譲渡通知が債務者に同時に到達した場合の優劣はどのように決すべきでしょうか。
　判例は、「指名債権が二重に譲渡され、確定日付ある各譲渡通知が同時に債務者に到達したときは、各譲受人は、債務者に対し、それぞれの譲受債権額全額の弁済を要求することができ、譲受人の一人から弁済の請求を受けた債務者は、他の譲受人に対する弁済その他の債務消滅事由が存在しない限り、弁済の責を免れることはできない」（最判昭和55年1月11日民集34・1・42）と判示しています。つまり、各譲受人には優劣がなく、いずれの譲受人も自分が権利者であるとして債務者に請求できることになります。

◆ 3 ◆ 債務引受

Q：
　債務を肩代わりしてもらう方法として債務引受というやり方があると聞きました。どのような契約書を作る必要がありますか？

A：
　債務引受には従来の債務者が債務を免れるかどうかによって、免責的債務引受と重畳的債務引受の2つのタイプがあります。利用目的に応じて「免責的債務引受契約書」と「重畳的債務引受契約書」を使い分けましょう。

POINT：

　契約当事者は、債権者と債務者と引受人の3者間契約とするのが、トラブル防止のためにベストなやり方でしょう。

【免責的債務引受契約書サンプル】

免責的債務引受契約書　※1

　債権者○○○○（以下「甲」という）、債務者△△△△（以下「乙」という）、引受人▲▲▲▲（以下「丙」という）は、乙の甲に対する債務について、以下のとおり免責的債務引受契約を締結する（以下「本契約」という）。※1

第1条（債務の確認）※2
　　甲、乙、丙は、本日現在、乙が甲に対して下記債務を負担していることを相互に確認する（以下「本件債務」という）。

記

　甲乙間の平成○○年○○月○○日付金銭消費貸借契約に基づく残

第3章　貸し借り　103

　　　　元金〇〇〇〇円の支払債務。※3

第2条（免責的債務引受の合意）※4
　1　丙は本件債務を免責的に引き受け、甲および乙はこれを承諾する。
　2　前項の結果、乙は本件債務を免れる。
第3条（丙の履行確約）※5
　　　丙は、甲に対し、本契約に基づき引き受けた本件債務を、本件債務の本旨に従って履行することを確約する。

　本契約の成立を証するため、本書3通を作成し、甲乙丙各1通を所持する。

　平成〇〇年〇〇月〇〇日
　　（甲）住所
　　　　　債権者　氏名　　　　　　　　　印

　　（乙）住所
　　　　　債務者　氏名　　　　　　　　　印

　　（丙）住所
　　　　　引受人　氏名　　　　　　　　　印

※1　誤解防止のために、タイトルや前文で免責的債務引受であることを明示するとよいでしょう。
※2　免責的債務引受の対象となる債務を確認して特定することが必要です。
※3　対象となる債務は引受人が実現可能なものでなければなりません。
※4　免責的債務引受によって従来の債務者が債務関係から離脱する点を明確にします。本文では1項と2項に分けましたが、次のように分けないで一文で記載することも可能です。
　「甲、乙、丙は、丙が本件債務を免責的に引き受け、その結果として乙が本件債務を免れることを、合意する」

※5 免責的債務引受によって、本件債務は同一性を維持しつつ乙から丙に移転します。したがって、丙が本件債務を履行することは法律上当然のことなので、この条文はわざわざ記載する必要はなく、省略してもかまいません。ただし、実務上は、甲の安心材料として記載することが多いようです。

【重畳的債務引受契約書サンプル】

重畳的債務引受契約書　※1

　債権者〇〇〇〇（以下「甲」という）、債務者△△△△（以下「乙」という）、引受人▲▲▲▲（以下「丙」という）は、乙の甲に対する債務について、以下のとおり重畳的債務引受契約を締結する（以下「本契約」という）。※1

第1条（債務の確認）※2
　　甲、乙、丙は、本日現在、乙が甲に対して下記債務を負担していることを相互に確認する（以下「本件債務」という）。

記

　甲乙間の平成〇〇年〇〇月〇〇日付売買契約に基づく残代金〇〇〇〇円の支払債務※3

第2条（重畳的債務引受の合意）※4
　　丙は本件債務を重畳的に引き受け、乙と連帯して債務の本旨に従って履行することを確約し、甲および乙はこれを承諾する。

　本契約の成立を証するため、本書3通を作成し、甲乙丙各1通を所持する。

第3章　貸し借り　　105

```
        平成〇〇年〇〇月〇〇日
            （甲）住所
                債権者　氏名　　　　　　　　印

            （乙）住所
                債務者　氏名　　　　　　　　印

            （丙）住所
                引受人　氏名　　　　　　　　印
```

※1　誤解防止のために、タイトルや前文で重畳的債務引受であることを明示するとよいでしょう。
※2　重畳的債務引受の対象となる債務を確認して特定することが必要です。
※3　対象となる債務は引受人が実現可能なものでなければなりません。
※4　重畳的債務引受によって、従来の債務者と引受人が連帯債務を負うことになる点を明確にします。

1　債務引受の意味と種類

　債務引受とは、債務者の債務の同一性を維持したまま、第三者（引受人）が債務関係に加入して債務者となる契約のことです。
　引受人の加入に伴い、従来の債務者が債務を免れる場合を免責的債務引受といい、従来の債務者が債務を免れない場合を重畳的債務引受（または併存的債務引受）といいます。債務引受は、法律上の明文はありませんが、判例・通説によって認められており、債務の肩代わりの方法として活用されています。ただし、債務引受の対象となる債務は引受人が実現可能なものでなければなりません。
　ちなみに、債務引受に似た概念として履行引受というものがあります。この履行引受は、第三者が債務者に対して、債務者の負担する特定の債務の弁済義務を負うという契約であって、債権者と第三者との間に債権債務関係が存在しないという点において、債務引受と区別されます。

2　免責的債務引受の特徴

（1）意義

　　免責的債務引受とは、上記のとおり、債務者の債務の同一性を維持したまま、第三者（引受人）が債務関係に加入して債務者となる契約の一種で、引受人の加入に伴い、従来の債務者が債務を免れる場合をいいます。

（2）要件

　　免責的債務引受は、①債権者・債務者・引受人の３者間契約、②債権者と引受人の契約（ただし、債務者の意思に反する場合は効力を生じません）、③債務者と引受人の契約（ただし、債権者の承諾が必要です）によって締結することができます。

　　②の債権者と引受人の契約が、債務者の意思に反してできないとされているのは、この場合が、第三者の弁済（民法474条は、利害関係を有しない第三者は債務者の意思に反して弁済できないとしています）や債務者交替による更改（民法514条は、更改前の債務者の意思に反してはできないとしています）と同様の状況にあると考えられるからです。

　　また、③の債務者と引受人の契約に、債権者の承諾が必要とされているのは、債権者の不利益を防止するためです。

　　後日の紛争予防のためには、①の３者間契約の方法がベストな選択といえるでしょう。

（3）効果

　　免責的債務引受の効果は、債務が同一性を失わずに引受人に移転することです。債務者の有していた抗弁権（同時履行の抗弁権等）は、すべて引受人に移転します。また、従たる権利も原則として引受人に移転します（ただし、保証債務や物上保証の場合は、その者の同意なしに移転しないと解されています）。

3　重畳的債務引受の特徴

（1）意義

　　重畳的債務引受（または併存的債務引受）とは、上記のとおり、債務者の債務の同一性を維持したまま、第三者（引受人）が債務関係に加入して債務者となる契約の一種で、引受人の加入に伴い、従来の債務者も債務を

免れることなく、引受人と従来の債務者が重畳的に（併存して）同一内容の債務を負担する場合をいいます。
（2）要件
　　重畳的債務引受は、①債権者・債務者・引受人の3者間契約、②債権者と引受人の契約（免責的債務引受の場合と異なり、債務者の意思に反しても可能です）、③債務者と引受人の契約（この場合、債権者の受益の意思表示が必要です）によって締結することができます。
　　②の債権者と引受人の契約が、債務者の意思に反しても可能とされているのは、この場合が、保証人（民法462条2項は、債務者の意思に反する保証を認めています）と同様の状況にあると考えられるからです。
　　また、③の債務者と引受人の契約に、債権者の受益の意思表示が必要とされているのは、この場合が、第三者のためにする契約（民法537条2項は、受益の意思表示が必要としています）に該当すると考えられるからです。
　　免責的債務引受の場合と同様、後日の紛争予防のためには、①の3者間契約の方法がベストでしょう。
（3）効果
　　重畳的債務引受の効果は、従来の債務者の債務が存続し、かつ、第三者（引受人）が同一内容の債務を債権者に対して負担することです。
　　この場合、従来の債務者と第三者（引受人）とは連帯債務の関係に立ちます。債務者の有していた抗弁権（同時履行の抗弁権等）は、すべて第三者（引受人）も主張することができます。

4　債務引受契約書の作成上の注意点

（1）免責的か重畳的かの区別の必要性
　　上記のとおり、債務引受には、免責的債務引受と重畳的債務引受の2種類があります。そこで、何のために債務引受というツールを利用するのか、という目的意識に応じて、両者を使い分けることになります。
（2）契約当事者の選択
　　債務引受は、上記のとおり、3者間契約、債権者と引受人の契約、債務者と引受人の契約のいずれでも可能ですが、後日の紛争予防という観点からは3者間契約がベストなので、それを第1目標にして契約交渉を進める

ことが大切です。
(3) 抗弁権や従たる権利に注意

　上記のとおり、債務引受がなされた場合の効果（抗弁権や従たる権利の帰趨）にも注意して、債務引受契約を締結しましょう。

4　債務免除・債権放棄

Q：
　当社の債務者Aに対する貸金の全額を債権放棄しようと思います。どのような契約書を作成すればよいでしょうか？　また、債権放棄と債務免除はどのようにちがうのですか？

A：
　債権放棄も債務免除も法律上は「免除」という意味であり、同じことです。「免除」は債権者の単独行為なので、契約ではありません。

POINT：

　「免除」は契約ではないので、契約書を作るのではなく、「債務免除書」や「債権放棄書」というタイトルの書面で行うとよいでしょう。

【免除の書式サンプル】

債務免除書　※1

債務者　A　殿　※2

　　　　　　　平成〇〇年〇〇月〇〇日
　　　　　　　東京都……
　　　　　　　債権者　株式会社△△△△
　　　　　　　代表取締役　△△△△　印　※3

　当社は貴殿に対し、当社と貴殿との間の平成〇〇年〇〇月〇〇日付金銭消費貸借契約に基づき貴殿が当社に対して負担する債務の全額を、本日、免除します。※4、※5、※6

以上

※1　タイトルは他にも「免除証明書」、「免除証書」、「債務免除証明書」、「債務免除証書」等が考えられます。なお、「債権放棄書」とする場合には、本文を「放棄します」と記載します。

※2　免除の相手方は債務者なので、「債務者」の肩書を記載した方が明確になります。

※3　免除者は債権者なので、「債権者」の肩書を記載した方が明確になります。法律上、捺印は免除の要件ではありませんが、後日の紛争を予防するためには捺印するのがよいでしょう。

※4　免除は債権を消滅させる行為なので、免除の対象となる債権を特定する必要があります。通常は、当事者、契約成立日、契約の種類、契約内容等で特定します。

※5　後日の紛争を予防するために、免除の対象が債権の全部か一部かを明確にした方がよいでしょう。

※6　債権者が債務者に対して免除する旨を記載します。

1　債務免除・債権放棄の意味

　日常取引において、「債務免除」や「債権放棄」という言葉が使われていますが、両者は法律的には同じ事柄を表しています。つまり、両者ともに民法519条の規定する「免除」のことを意味しています。

　免除とは、債権者が無償で債権を放棄することであり、債権を消滅させる債権者の意思表示のことです。これを債務の側から捉えると免除という表現になり、逆に、債権の側から見ると放棄という表現になりますが、法律的には同じことです。

2　免除の性質

　免除は、債権者の単独行為です。したがって、債務者の意思に関係なく、債権者の債務者に対する一方的な意思表示で行います。

　ちなみに、当事者が契約によって債権を消滅させること（免除契約）もありますが、これは免除ではありません。

3　免除の方法

　免除をするには特に方式は必要とされていません。しかし、後日の紛争回避のためには、書面で行うことが望ましいでしょう。免除には、条件・期限を付けることも可能です。例えば、債務弁済に関する和解契約の中で、「債務者が、前項の和解金○○円を約定どおりに支払った場合には、債権者はその余の残金を免除する」という形で条件付きの免除が記載されることがあります。また、免除は債務の一部についても可能です（その範囲内で債権が消滅します）。

　なお、免除の意思表示は撤回できないと解されているので、注意が必要です。

4　免除の効果

　免除によって、債権は消滅します。

◆5◆ 抵当権設定契約

Q:
友人の乙に1,000万円を貸すことになりましたが、確実に回収するためにはどうしたらよいでしょうか？

A:
乙が貸金額を上回る価値を有する不動産を所有しているのであれば、抵当権を設定することが考えられます。抵当権は、目的物の占有は設定者の元にとどめたまま、目的物の価値だけを把握する権利ですから、目的物を利用することはできませんが、いざというときは目的物を売却してそこから優先的に返済を受けることができます。

【抵当権設定契約書サンプル】

抵当権設定契約書

　○○○○（以下「甲」という）及び○○○○（以下「乙」という）は、次の通り抵当権設定契約を締結する。

第1条（抵当権設定）
　　乙は、甲に対し負担する下記借入金債務の履行を担保するため、甲に対し、乙の所有する後記不動産（以下「本件不動産」という）の上に順位○番の抵当権を設定する。

記

　　金　　額　金○○○○円
　　借　入　日　平成○○年○○月○○日
　　弁　済　期　平成○○年○○月○○日
　　利　　息　年○○パーセントの割合（年365日の日割計算）

　　　　遅延損害金　年○○パーセントの割合（年365日の日割計算）　　※1
第2条（登記義務）
　　　乙は、前条による抵当権設定の登記手続を速やかに完了し、その不動産登記簿謄本を甲に提出する。　　　　　　　　　　　　　　※2
第3条（抵当物件の処分・変更の禁止）
　　　乙は、甲の書面による事前の承諾がなければ、本件不動産の現状を変更し、譲渡し、又は第三者のために権利を設定しない。　※3

　　本契約の成立を証するため、本書2通を作成し、甲乙各自署名押印のうえ、各1通を保有する。

　　平成○○年○○月○○日
　　　（甲）住所
　　　　　　氏名　　　　　　　　　印

　　　（乙）住所
　　　　　　氏名　　　　　　　　　印

　　〈不動産の表示〉
　　　所在　○○市○○町○○丁目
　　　地番　○○番
　　　地目　宅地
　　　地積　○○.○○㎡

※1　被担保債権を特定する必要があります。当事者、債権発生年月日、債権額等によって特定します。また、抵当権の目的物を特定する必要があります。

※2　このような条項がなくても、抵当権者は抵当権設定者に対して登記請求をする権利を有するのですが、抵当権設定登記を速やかに完了することは、抵当権者の第三者に対する対抗力、順位保全のために重要ですから、登記義務を明記するとともに、契約書作成時には登記に必要な書類と委任状を預かってしまうとよいでしょう。

※3　抵当権は、目的物の使用・収益権を抵当権設定者のもとにとどめたまま、目的物の交換価値を把握する権利ですから、抵当権設定者は、抵当権が実行されるまでは目的物を自由に使用・収益できるはずですし、登記によって対抗力を得た抵当権は、その後に目的物に対する権利を取得した第三者に対抗することができます。しかし、実際問題として、目的物の現状を変更することは目的物の交換価値に影響を及ぼす可能性があり、また、目的物の譲渡や権利の設定は抵当権者の権利行使を困難にする危険性があります。したがって、抵当権者の承諾なしにこれらの行為をすることができない旨を明記しておくとよいでしょう。

1　抵当権とは

　抵当権は、被担保債権の回収を確保するために、目的物の占有を設定者のもとにとどめたまま、目的物の交換価値を把握して、そこから優先的に弁済を受けることができる権利であり、当事者の合意で成立する約定担保物権です。目的物の占有を設定者のもとにとどめたままの担保（非占有担保物権）である点で、目的物の占有を担保権者に移転することを要件とする質権と異なります。

　抵当権が非占有担保物権であるということは、当該目的物に抵当権が設定されていることが、占有の所在によっては対外的に公示されないということですから、取引の安全を害さないように、抵当権の存在を登記・登録によって公示することが要求されます。したがって、抵当権の目的物は、登記・登録によって公示することが可能な物に限られています。目的物の典型は不動産です。

2　抵当権の成立

　抵当権は、抵当権設定者と抵当権者との間の設定契約によって成立します。抵当権者は、被担保債権の債権者です。例えば、甲の乙に対する貸金債権を担保するために、債権者甲が乙の所有する土地に抵当権を設定して抵当権者となるような場合です。

　抵当権設定者は、被担保債権の債務者自身である必要はありません。上記の例で、乙の父親の丙が、甲の乙に対する貸金債権を担保するために、丙の

所有する土地に抵当権を設定することも可能です。この場合の抵当権設定者丙の地位は、保証人に似ているので、物上保証人と呼びます。もし、乙が甲に貸金債務を弁済することができずに抵当権が実行されて、そこから甲が弁済を受ければ、丙は乙に対して、保証の場合と同様に求償権を取得することになります。

3　被担保債権

抵当権は、目的物の売却代金から優先弁済を受ける権利なので、通常は、金銭債権が被担保債権です。

抵当権によって担保される被担保債権の範囲は、被担保債権の元本そのもののほか、「利息その他の定期金」は満期となった最後の2年分、遅延損害金も「最後の2年分」で「利息その他の定期金と通算して2年分を超えることができない」ものとされています（民法375条）。これは、抵当権の被担保債権額は登記されており、これを前提に、後順位抵当権者は目的物の担保価値を評価するところ、もし無制限に利息や遅延損害金を担保することになると、後順位抵当権者の予測可能性を奪い、期待を害することになるからです。

4　抵当権の及ぶ範囲

「抵当権は、抵当地の上に存する建物を除き、その目的である不動産（以下「抵当不動産」という）に付加して一体となっている物に及ぶ」（民法370条）と規定されています。土地に抵当権を設定しても、その土地上の建物には抵当権は及びません。民法が、土地と建物を別個の不動産と捉えていることの現れです。建物を除く「付加一体物」に抵当権の効力が及びます。これは、不動産と経済的に一体をなしている物を一体として評価することが社会的、経済的要請にかなうと考えられるからです。

何をもって「付加一体物」と評価するかは難しい問題ですが、判例は、「植木および取りはずし困難な庭石は、宅地の構成部分であり、石灯籠および取りはずしの出来る庭石は、宅地の従物で当該宅地の常用のために付属せしめられたものであるから、右宅地に対する根抵当権の効力は、右構成部分および従物に及び、右抵当権の設定登記の対抗力は従物についても生ずる」（最判昭和44年3月28日民集23・3・699）と判断して抵当権が植木およびとりはずし困難な庭付のような土地の構成部分だけでなく、石灯籠やとりはずし

可能な庭石のような土地の従物にも及ぶとしています。また、「土地賃借人が賃借土地上に所有する建物について抵当権を設定した場合には、特段の事情のないかぎり、抵当権の効力は右建物の所有に必要な賃借権に及ぶ」（最判昭和40年5月4日民集19・4・811）として建物そのものだけでなく、建物所有に必要な権利にも抵当権の効力が及ぶとしています。

したがって、「付加一体物」は物理的に接着しているというよりは広く、経済的な効能を助けているかという観点からも判断されているといえます。

6　代物弁済

Q：
友人乙に1,000万円を貸すことになりました。確実に貸金を回収したいのですが、乙所有の土地に抵当権を設定すると、抵当権実行の手続を取らなければならず煩わしいので、もっと簡単な方法はないでしょうか？

A：
代物弁済という方法があります。

【停止条件付代物弁済契約書サンプル】

停止条件付代物弁済契約書

東京都〇〇区〇〇町〇-〇-〇
　　　（甲）　甲野　太郎
東京都〇〇区〇〇町〇-〇-〇
　　　（乙）　乙野　次郎

債権者〇〇〇〇（以下「甲」という）と債務者〇〇〇〇（以下「乙」という）は、次の通り契約した。

第1条（金銭消費貸借）
　　甲は乙に対し、本日金〇〇〇〇円を貸付け、乙は本日これを借受けて受領した。
第2条（貸付条件）
　　前条の金銭消費貸借の条件は、次の通りとする。
　　① 利息　年〇〇パーセントとし、当月分をその前月末までに支払う
　　② 弁済期　平成〇〇年〇〇月〇〇日
　　③ 損害金　年〇〇パーセントとする
第3条（停止条件付代物弁済）
　　乙は甲に対し、乙において本契約上の債務につき不履行のあったときは、通知催告なくして、乙の甲に対する債務の代物弁済として、乙の所有する後記不動産の所有権が甲に移転することを約する。※1
第4条（所有権移転登記請求権保全の仮登記）
　　乙は甲に対し、本日、後記不動産につき、停止条件付代物弁済契約を原因とする所有権移転仮登記手続を申請する。
　　2　前項の登記に関する費用は、乙の負担とする。　　　　　※2
第5条（見積清算金額等の通知等）
　　乙において本契約上の債務につき不履行のあったときは、甲は乙に対し、本件債務の代物弁済として後記不動産の所有権を取得すること、並びに2ケ月経過後において、甲の見積清算金額の支払と引換えに、後記不動産の所有権移転の本登記手続及び明渡を求める旨の通知をなすものとする。　　　　　　　　　　　　　　　　※3

　以上本契約成立の証として、本書2通を作成し、甲乙記名捺印のうえ、甲乙各1通を保有する。

　平成〇〇年〇〇月〇〇日
　　　（甲）住所
　　　　　　氏名　　　　　　　　　　　印
　　　（乙）住所
　　　　　　氏名　　　　　　　　　　　印

〈不動産の表示〉
　所在地　○○市○○町○○丁目
　地番　　○○番
　地目　　宅地
　地積　　○○㎡

※1　債務不履行を停止条件とする代物弁済の合意です。条件とは、「A大学に合格したらこの時計を贈与する」とか、「奨学金を給付するが、成績が平均点を下回ったら給付を打ち切る」といったように、法律行為の効力の発生又は消滅を、将来の成否不確定な事実に係らせるという内容の意思表示をいいます。停止条件は、法律行為の効力の発生を、将来の成否不確定な事実に係らせるもので、解除条件は、法律行為の効力の消滅を、将来の成否不確定な事実に係らせるものです。

　ここでは、将来債務不履行があったら、代物弁済契約の効力が発生する、という停止条件付の代物弁済契約ということになります。

　これに対して、代物弁済の予約は、債務者が履行期に弁済しないときは、債権者が予め定められた別の給付をもって代物弁済となし得る契約です。履行期が到来した時点で、債権者は代物弁済予約完結の意思表示をして、その目的物を債権者に帰属させて債務を消滅させることもできますが、それをしないで本来の給付を請求することもできます。債務不履行という条件が成就すると、当然に代物弁済の効力が発生する停止条件付代物弁済契約との違いに注意を要します。

※2　仮登記担保というのは、代物弁済の予約や停止条件付代物弁済契約を予め結び、債務の弁済を怠ると、債務者等の土地建物の所有権を債権者に移転するという形態の担保をいいます。譲渡担保契約では、予め所有権を移転してしまうのに対し、仮登記担保では、弁済のない場合に所有権を移転するという形態をとる点で異なります。将来の所有権移転登記請求権を保全するために仮登記をしておくので、仮登記担保とよばれます。

※3　本来の弁済がなされない場合に、仮登記を本登記にして目的不動産を自分のものにすることを私的実行といいますが、仮登記担保法は、債権者に清算義務を課しています。

すなわち、債権者は停止条件成就の日（代物弁済予約の場合は予約完結の意思表示をした日）以後、債務者に対して、当該不動産の評価額、債権額、清算金の額を通知しなければならず、この通知の到達後2ヶ月を経過してから、はじめて所有権移転の効果が発生します（仮登記担保法2条）。

1　代物弁済とは

　民法482条は、「債務者が債権者の承諾を得て、その負担した給付に代えて他の給付をしたときは、その給付は、弁済と同一の効力を有する」としています。本来であれば、100万円の支払債務を負担していれば100万円を弁済することになりますが、債権者が、100万円の代わりに自動車1台を交付することを承諾すれば、現金を弁済したのと同一の効果が発生し、債務は消滅します。これを代物弁済といいます。

2　代物弁済の機能

　代物弁済は、例えば、債務者が倒産の危機に瀕したときに、売掛金を回収するために債権者が債務者のところから納品した商品を引き上げるときや、担保目的で債権取得時に代物弁済予約や停止条件付代物弁済契約をするとき等に利用されます。

　代物弁済予約や停止条件付代物弁済契約は、債務者が債務の弁済をしないときに、債権者が弁済に代えて目的物の所有権を取得できるので、担保としての機能を果たし、また、抵当権の実行のような面倒な手続なしに、簡易に目的物の所有権を取得することができる利点があります。しかし、本来の債権額の何倍もの価値を有する不動産を代物弁済として給付させる予約が行われる等、債権者が優位な立場を利用して担保物を丸取りしてしまうという不合理な状況が問題化しました。そこで当事者間の公平を図ろうとする判例が形成されるようになり、その後、仮登記担保法による規制へとつながったという経緯があります。

3　代物弁済の要件

　民法は、代物弁済の要件として、①債権が存在すること、②本来の給付と異なる給付をすること、③それが本来の弁済に代えてなされたこと、④債権者の承諾（結果的には当事者の合意）を規定しています。本来の給付と代物弁済としてなされた給付が、価値的に釣り合っていることは要件とされていません。

4　代物弁済の効果

　代物弁済によって債務は消滅します。本来の給付よりも代物の価値が小さくても、特に債務の一部についての代物弁済である旨の合意がない限り債務全部が消滅します。逆に、本来の給付よりも代物の価値が大きい場合でも、剰余分について精算すべき趣旨が示されていない限り、返還を求められないのが原則です。もっとも、債権者が、債務者の窮状につけ込んで不当な利益を獲得しようと過大な代物弁済を強要したような場合は、暴利行為として公序良俗違反で無効になることもあるでしょう（民法90条）。

　債務の消滅には、代物弁済の合意をするだけでは足りず、現実に代物の給付がなされることが必要です。不動産を代物弁済する場合は、移転登記まで必要になります。

7　相殺

Q：
　当社は丙社に対して印刷物のインク、用紙等を継続的に納めており売掛債権を有しています。一方、当社は丙社の親会社である乙社に当社の宣伝用ポスターの印刷等を注文しており、乙社に対して請負代金債務を負っています。
　当社としては、丙社に対する債権と乙社に対する債務とを相殺して決済を簡便にしたいと考えています。
　どうしたらよいでしょうか？

A：
　甲社の丙社に対する債権と、甲社の乙社に対する債務は、「同一の当事者間に相互に対立する債権」ではありませんから、甲社の一方的な意思表示で相殺することはできません。
　しかし、甲、乙、丙3者の合意によって相殺することは可能ですから、3者間で相殺契約を締結するとよいでしょう。

【相殺通知書サンプル】

相殺通知書

　貴方と当方の間の平成○○年○○月○○日付金銭消費貸借契約に基づく当方の金○○○○円の貸金返還債務と、貴方と当方との間の平成○○年○○月○○日付売買契約に基づく貴方の金○○○○円の売買代金債務を対当額において相殺いたします。

　　平成○○年○○月○○日
　　　東京都○○区○○町○－○－○
　　　　　　　　　　　　　　　　　　　○○○○　㊞

　東京都○○区○○町○－○－○
　　○○○○　殿

※　後日相殺の意思表示の有無、時期等について争いになることもありえますので、内容証明郵便をもって通知すべきでしょう。自働債権と受動債権を当事者、債権発生年月日、発生原因、債権額等によって特定することが必要です。

【相殺契約書サンプル】

相殺契約書

　A株式会社（以下「甲」という）、B株式会社（以下「乙」という）及びC株式会社（以下「丙」という）は、甲乙間の請負代金（売掛金、売買代金等）債権の決済について、以下のとおり契約する。

第1条　甲、乙及び丙は、次のことを相互に確認する。
　① 甲丙間の平成〇〇年〇〇月〇〇日付〇〇〇〇売買基本契約に基づいて、甲の丙に対する売買代金債権（請求書締切日　毎月末日、支払日　毎月請求締切日の翌月末日）（以下「甲債権」という）が将来継続的に発生すること。
　② 甲乙間の平成〇〇年〇〇月〇〇日付××××印刷請負基本契約に基づいて、乙の甲に対する印刷請負代金債権（請求書締切日　毎月末日、支払日　毎月請求締切日の翌月末日）（以下「乙債権」という）が将来継続的に発生すること。

第2条
　① 甲、乙及び丙は、甲債権及び乙債権のうち支払日の到来したものにつき、毎月支払日において対当額で相殺することによって決済することを合意する。
　② 甲は乙に対し、（毎月末日限り）、当月請求する甲債権の金額を文書にて通知する。
　③ 乙は丙に対し、（毎月末日限り）、当月請求する乙債権の金額を文書にて通知する。

第3条　前条の相殺後に残債務がある場合には、丙は甲に、乙は甲に、それぞれ甲債権、乙債権の支払条件に従って支払うものとする。

　本契約を証するため本書3通を作成し、甲、乙及び丙は以下に署名押印し、各自1通宛保管する。

```
        平成〇〇年〇〇月〇〇日
         (甲) 住所
              氏名                    印
         (乙) 住所
              氏名                    印
         (丙) 住所
              氏名                    印
```

1　相殺の意義

　相殺とは、「2人が互いに同種の目的を有する債権を負担する場合において、双方の債務が弁済期にあるときに、各債務者がその対当額について相殺によってその債務を免れる」ことをいいます（民法505条1項）。

　例えば、甲が乙に対して500万円の貸金債権を有し、乙が甲に対して300万円の売買代金債権を有しているという場合に、乙は甲に対し、双方の債務を対当額で相殺する旨の意思表示をすることで、自己の債務を300万円の範囲で消滅させることができます。この場合、乙の甲に対する債権を自働債権、甲の乙に対する債権を受動債権といいます。

　相殺は、簡便な決済手段であるばかりでなく、優先的な債権回収を可能とする点で債権担保としての機能も有しています。

　すなわち、上記の例で、乙が甲の他、丙、丁、戊に総額3,000万円の債務を負っていたが、資金繰りの悪化により返済不能となった場合、乙には甲に対する300万円の売買代金債権の他にめぼしい資産がなかったとします。相殺をしなかったとすると、甲は乙に自己の債務を弁済し、その300万円が乙の責任財産（総債権者に対する弁済にあてることのできる財産）になります。債権者は、債権者平等の原則によって各自債権額の10％の配当しか受けられないことになりますから、甲の場合、自分は300万円の債務を弁済したのに、乙の責任財産から受けられる配当は50万円しかありません。つまり、450万円の損失です。

　これに対して、甲が対当額で相殺をした場合、甲の乙に対する300万円の

債務は消滅しますから、甲としては、残り200万円分についてだけ、乙から支払を受けられないことになり、損害額を減らすことが可能となるのです。

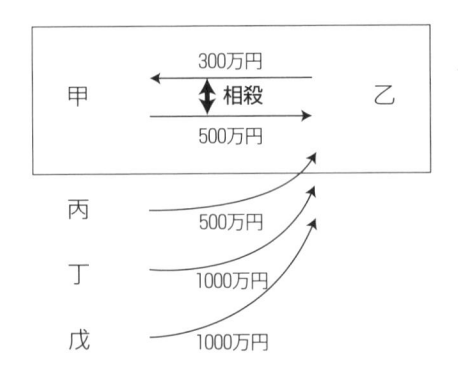

```
         300万円
       ←――――――
 甲      ↕ 相殺     乙
       ――――――→
         500万円

 丙 ―――500万円――→
 丁 ――1000万円――→
 戊 ――1000万円――→
```

このように、相殺は、決済を簡単にするというだけでなく、債権回収の局面で重大な役割を果たしています。

2　相殺の要件

相殺の要件は、以下のようになっています。

① 同一の当事者間に相互に対立する債権があること

② 対立する両債権は、同種の目的を有すること

相殺という場合、双方が金銭債権であることがほとんどでしょう。特定物の引渡債務と金銭債務とでは目的が同種といえませんから、相殺することができません。

③ 両債務がともに弁済期にあること

受動債権が弁済期にあっても、自働債権が弁済期にないとき、債務者（相手方）の期限の利益を一方的に奪うことはできないという趣旨です。もっとも、受動債権の期限の利益をみずから放棄することは原則として可能ですから（民法136条2項）、結局のところ、自働債権の弁済期が到来していることが必要ということになります。

④ 両債務が性質上相殺を許さないものではないこと

例えば、甲が乙の肖像画を描き、乙が甲の肖像画を描くという契約がある場合に、甲が相殺を主張することは不当でしょう。このように、一定の行為を要求する行為債務のように、現実に履行されないと意味のない債務

は、「性質上相殺を許さない」場合にあたります。
⑤ 相殺禁止の特約がないこと（民法505条2項）
⑥ 法律によって禁止されていないこと

　不法行為による損害賠償債務を負う債務者は、これを受動債権として相殺することはできません（民法509条）。被害者に現実に損害の填補を受けさせるべきであること、通常の金銭債権の弁済を受けられなかった債権者が、腹いせに債務者に不法行為を行って賠償債務で相殺するということを防止するためです。

　次に、差押えの禁止された債権の債務者は、これを受動債権として相殺することはできません（民法510条）。差押え禁止債権の例としては、扶養請求権（民事執行法152条1項1号）、給料、賃金、俸給、退職年金および賞与並びにこれらの性質を有する給与に係る債権（同法同項2号）等があります。

　第3に、差押を受けた差押債務者（第三債務者に対する債権者）は、差し押さえられた債権を自動債権として相殺することはできません。差押によって第三債務者は弁済を禁止されますが、差押債務者も債権の取立てや処分を禁止されますので（民事執行法145条）、処分の一種である相殺も禁止されると解されています。

　なお、「支払の差止めを受けた第三債務者は、その後に取得した債権による相殺をもって差押債権者に対抗することができない」（民法511条）と規定されていますが、それでは、第三債務者は、差押前から差押債務者（第三債務者に対する債権者）に対して有していた債権で相殺することができるでしょうか。この点について、判例は、「第三債務者は、自己の債権が受動債権差押え後に取得されたものでない限り、自動債権および受動債権の弁済期の前後を問わず、相殺適状に達しさえすれば、差押え後においても、これを自働債権として相殺をなしうる（最大判昭和45年6月24日民集24・6・587）。このことは、差押債権者が被差押債権につき転付命令を得た場合でも同様である（最判昭和48年5月26日金融法務690・36）」と判断しています。

　つまり、第三債務者の相殺に対する期待は、差押によって奪われないと

第3章　貸し借り　　125

いうことになります。

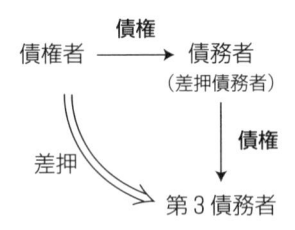

```
           債権
債権者 ─────→ 債務者
  │         (差押債務者)
  │           │債権
差│           ↓
 押↘       第3債務者
```

3　相殺の方法

相殺は、当事者の一方から相手方に対する意思表示によってします（民法506条1項本文）。相殺の意思表示は、一方的な意思表示であって、相手方の同意を要しません。一種の形成権（単独の意思表示によって特定の法律効果を生じさせることができる権利）です。

相殺の意思表示には、条件や期限を付すことはできないとされていますが（民法506条1項但書）、これは一方的意思表示に条件・期限を付することを禁止しているだけで、当事者間の合意で条件・期限を付することは妨げられません。実際、条件付の相殺の合意は広く行われているところです。

4　相殺の効果

相殺によって、対当額で債権が消滅します。債権消滅の効果は、「双方の債務が互いに相殺に適するようになったときにさかのぼって」生じます（民法506条2項）。

消滅時効によって消滅した債権が、その消滅以前に要件が整っており、相殺するのが可能な状態の場合には、債権者は相殺することができます（民法508条）。すでに生じている相殺に対する期待を保護する趣旨です。

5　相殺契約

当事者間で相殺を禁止する合意をすることが可能である以上、相殺の方法や要件、効果について、当事者間の合意で定めることも可能です。相殺の意思表示は単独行為ですが、相殺を当事者間の合意で行う場合を相殺契約といいます。不法行為による損害賠償債務を受動債権として行う相殺も相殺契約によれば可能ですし、多数当事者間に循環的に存在する債権について、多数当事者間の相殺契約によって決済することも可能です。

このように、相殺契約との対比で、民法の規定する一方的意思表示による相殺を、法定相殺と呼ぶことがあります。

第4章 その他

1 株式譲渡

Q：
　会社買収（M＆A）の手段として株式譲渡を利用しようと思っています。どういう契約書を作成すればよいでしょうか？

A：
　M＆Aの手段として「株式譲渡契約書」を作成する場合、対象となる株式の内容、代金額、譲渡日、譲渡人の担保責任、競業避止義務等を記載するのが通例です。

POINT：
　M＆Aは、中小企業においても、経営戦略の1つとして活用されています。

【株式譲渡契約書サンプル】

株式譲渡契約書

○○株式会社（以下「甲」という）と△△株式会社（以下「乙」という）

は、××株式会社（以下「丙」という）の株式の譲渡について、以下のとおり合意する（以下「本契約」という）。

第1条（表明と保証）　※1
　1　甲は、乙に対し、本契約締結日および平成〇〇年〇〇月〇〇日（以下「譲渡日」という）において、次の事項を表明し保証する。
　　①　甲は、日本法に準拠して適法に設立された株式会社であり、かつ現在有効に存続している。
　　②　甲は、本契約の締結、履行について必要な法令、定款、社内規程等の一切の規定に定められている全ての手続を完了している。
　　③　本契約に署名（記名）捺印する者は、甲を代表して本契約書に署名（記名）捺印する権限を付与されている。
　　④　甲による本契約の締結、履行は、法令、定款、社内規程等の一切の規定および甲と第三者との間の契約条項に違反しない。
　　⑤　（以下略）
　2　本契約の定める乙の義務は、前項の甲の表明と保証に本契約締結時および譲渡日において誤りのないことを停止条件として効力を生じる。
　3　甲は、乙に対し、第1項の表明と保証に誤りがあることによって生じた乙の損害について担保責任を負う。※2

第2条（株式譲渡の合意）
　　甲は、乙に対し、譲渡日に、甲が所有する丙の株式〇〇株（以下「本件株式」という）を譲渡し、乙はこれを譲り受ける。※3

第3条（代金）
　　本件株式の譲渡の代金は、1株あたり金〇〇〇円として算定した合計金〇〇〇円とする。※4

第4条（代金支払方法）
　　乙は、甲に対し、譲渡日に、前条の代金合計金額を一括して甲の指定する銀行口座に送金する方法にて支払う。送金手数料は甲の負担とする。※5

第5条（株券の引渡し）
　　甲は、乙に対し、譲渡日に、乙から前条の方法によって代金の支払を受けるのと引き換えに、本件株式の株券を引き渡す。※6

第6条（譲渡制限株式の譲渡承認）

第4章　その他

　　　　　本契約の定める乙の義務は、本件株式譲渡について、丙において株式譲渡承認手続等の社内手続を適法に完了したことを停止条件として効力を生じる。※7
第7条（競業避止義務）
　　　　　甲は、譲渡日後〇年間、自己または第三者のために、丙の事業と競合する取引をしてはならない。※8
第8条（合意管轄）
　　　　　本契約に関する一切の紛争については、〇〇地方裁判所を第一審専属管轄裁判所とすることを合意する。※9

本契約の成立を証するため、本書2通を作成し、甲乙各1通を所持する。

　平成〇〇年〇〇月〇〇日
　　　（甲）住所
　　　　　　氏名　　　　　　　　　　印

　　　（乙）住所
　　　　　　氏名　　　　　　　　　　印

※1　「表明と保証」は、要するに契約締結に際しての前提条件の確認ですが、その前提条件となる事実が契約内容の法律効果に直結するので、これを表明して保証した当事者は相手方に対してその表明した事実について責任を負うことになります。この「表明と保証」条項には、例えば、契約締結権限、当事者への契約効果の適法な帰属、当事者の信用状況、契約対象の権利状況と物理的状況等があります。なお、ここで譲渡日についても記載しています。
※2　譲渡人の担保責任を記載します。
※3　譲渡の合意、譲渡対象株式の内容を記載します。
※4　代金額を記載します。
※5　代金支払方法を記載します。この記載がないと、支払方法について後日、紛争になる可能性があります。

※6　株券発行会社の場合には株券の交付が株式譲渡の要件となります。代金支払と引換給付にしています。
※7　譲渡制限会社の場合に譲渡承認手続を確保するための条項です。
※8　競業避止義務条項を記載するのが通例です。
※9　合意管轄裁判所を記載します。合意管轄裁判所の記載は、株式譲渡契約書に特有のものではなく、契約書作成における一般的な重要ポイントです。

1　株式譲渡自由の原則

株式は、原則として自由に譲渡することができます（会社法127条）。譲渡する方法には次のタイプがあります。

①株券発行会社の株式は株券の交付によって譲渡し（会社法128条1項）、②上場企業の株式は振替機関等が作成する振替口座簿の記載等により譲渡し（社債株式振替法128条等）、③株券発行会社でなく振替制度の対象外の場合は当事者間の意思表示で譲渡します（株主名簿の名義書換が対抗要件となります。会社法130条1項等）。

なお、定款で株式譲渡について会社の承認を要する旨を定めた場合（譲渡制限株式）には、会社の承認が必要です（会社法2条17号）。

2　株式譲渡契約書作成上の注意点

株式の譲渡は、契約の性質という面から見ると、有償ならば売買であり、無償であれば贈与ということができます。したがって、契約書は、基本的には売買契約、贈与契約をベースにして作成することになります。

株式譲渡特有の問題点としては、上記①の株券発行会社の場合には株券交付が必要となること、上記②の振替株式の場合には譲渡人である加入者の振替申請が必要であること、上記③の場合には株主名簿の名義書換をする必要があることに注意することになります。また、譲渡制限株式の場合には、会社の承認が必要となります。

3　M＆Aとしての株式譲渡

M＆Aとは、買収や合併等の総称です。一般的には、M＆Aというと大企業の話というイメージがありますが、現在では、中小企業においても事業承継や会社再建等の場合の経営戦略として活用されるようになっています。

このＭ＆Ａの手段の１つとして、株式譲渡が利用されることがあります。つまり、対象会社全体を独立した状態で買収するときに株式譲渡という手段を用いるのです。

　Ｍ＆Ａの手段として株式譲渡契約書を作成する際には、通常、次の事項を記載します。

- 譲渡対象となる株式の内容
- 譲渡の代金額
- 譲渡の日
- 譲渡人の担保責任
- 競業避止義務
- 付随事項（役員交替等）

2　組織再編

Q：
　組織再編という言葉を耳にしますが、合併とは違うのでしょうか？　当社は△△株式会社を吸収合併しようと考えていますが、契約書は作らないといけないでしょうか？

A：
　組織再編とは、株式会社や持分会社の組織を再編する行為の総称で、合併や会社分割等の種類があります。吸収合併する場合、「合併契約書」を作らなければなりません。

POINT：

　合併契約書の記載事項には、必ず記載しなければならない法定記載事項があります。この記載がないと、合併契約自体が無効となってしまいます。

【吸収合併契約書サンプル】

合併契約書

　○○株式会社（以下「甲」という）と△△株式会社（以下「乙」という）は、甲を吸収合併存続会社とし、乙を吸収合併消滅会社とする吸収合併（以下「本件合併」という）について、以下のとおり合併契約を締結する（以下「本合併契約」という）。

第1条（当事会社の表示）※1
　　本合併契約の当事会社は、次のとおりである。
　　　吸収合併存続会社
　　　　　商号
　　　　　住所
　　　吸収合併消滅会社
　　　　　商号
　　　　　住所
第2条（合併の合意）※2
　　甲および乙は、甲を吸収合併存続会社とし、乙を吸収合併消滅会社として合併することを合意し、甲は乙の権利義務の全部を承継して存続し、乙は解散する。
第3条（吸収合併消滅会社の株主に交付する対価）※3
　　甲は、本件合併に際して普通株式○○株を発行し、本件合併の効力発生日の前日の最終の乙の株主名簿に記載された株主に対し、その有する乙株式1株当たり甲の株式○○株の割合をもって割当交付する。
第4条（吸収合併存続会社の増加すべき資本金）※4
　1　甲が本件合併によって増加すべき資本金等の取り扱いは、次のとおりとする。
　　　①　資本金の額　　　　　　　　○○円
　　　②　資本準備金の額　　　　　　○○円

第4章　その他　　133

　　　　③　資本剰余金の額　　　　　○○円
　　　　④　利益準備金の額　　　　　○○円
　　　　⑤　利益剰余金の額　　　　　○○円
　　２　前項の内容は、本件合併の効力発生日における乙の資産および負債の状態により、甲乙協議の上、変更することができる。

第5条（効力発生日）※5

　　１　本件合併の効力発生日は平成○○年○○月○○日とする。
　　２　前項の効力発生日は、本件合併の手続進行上必要がある場合には、甲乙協議の上、変更することができる。

第6条（権利義務等の承継）※6

　　１　甲は、効力発生日において、乙から、平成○○年○○月○○日現在の貸借対照表その他同日現在の計算書を基礎として、これに効力発生日までの増減を反映させた一切の資産、負債および権利義務等の法律関係を、引き継ぐ。
　　２　前項の増減の内容については、乙は甲に対し、書面をもって報告する。

第7条（善管注意義務）※7

　　　　甲および乙は、本合併契約成立の後、本件合併の効力発生日に至るまで、善良なる管理者としての注意をもって、業務執行および財産管理を行い、財産等に重大な影響を及ぼす行為については、予め甲乙協議の上、決定する。

第8条（解除、条件変更）※8

　　　　甲または乙は、本合併契約成立の後、本件合併の効力発生日に至るまで、天災地変等によって相手方の経営状態等に重要な変動が生じた場合には、本合併契約を解除、または甲乙協議の上で本合併契約の条件を変更することができる。

第9条（解除事由）※9

　　１　甲または乙は、相手方が本合併契約に違反した場合において、相当の期間を定めて履行を催告したにもかかわらず履行がないときは、本合併契約を解除することができる。
　　２　甲または乙は、相手方が次の事由の１つでも該当した場合は、催告をすることなく直ちに本合併契約を解除することができる。
　　　　①　不渡り、取引停止処分、支払停止、支払不能
　　　　②　仮差押、仮処分、差押え、強制執行

③（以下、省略）
第10条（解除条件）※10
　本合併契約は、本件合併について、甲および乙の株主総会の承認または法令上必要な関係官庁の承認が得られない場合には効力を失う。
第11条（合意管轄）※11
　本合併契約に関する一切の紛争については、○○地方裁判所を第一審専属管轄裁判所とすることを合意する。※9

　本合併契約の成立を証するため、本書2通を作成し、甲乙各1通を所持する。

　平成○○年○○月○○日
　　　（甲）住所
　　　　　　氏名　　　　　　　印
　　　（乙）住所
　　　　　　氏名　　　　　　　印

※1　法定記載事項です（会社法749条1項1号）。この記載がないと、合併契約自体が無効になりますので、注意してください。
※2　合併契約の中核となる合意です（会社法748条）。
※3　法定記載事項です（会社法749条1項3号）。この記載がないと、合併契約自体が無効になりますので、注意してください。
※4　法定記載事項です（会社法749条1項2号イ）。この記載がないと、合併契約自体が無効になりますので、注意してください。
※5　法定記載事項です（会社法749条1項6号）。この記載がないと、合併契約自体が無効になりますので、注意してください。
※6、※7、※8、※10　これらは法定の記載事項ではありませんが、実務上、合併契約書によく記載される事項です。
※9、※11　これらは法定記載事項ではありませんが、契約書の一般的な記載事項として重要な条項です。

1 組織再編と契約締結

（1）組織再編の意味と種類

　組織再編とは、会社法のジャンルで使われる用語で、要するに、株式会社や持分会社の組織を再編する行為の総称です。この組織再編には、組織変更、合併、会社分割、株式交換、株式移転等の種類があります（組織変更を除外して組織再編ということもあります）。これらの組織再編行為は、いずれも会社の基礎を変更する重大な事柄なので、合併、会社分割、株式交換、株式移転の場合には原則として株主総会の特別決議が必要とされ（会社法309条2項12号、783条1項、795条1項、804条1項）、組織変更の場合には総株主（総社員）の同意が必要とされています（会社法776条1項、781条1項）。

（2）各制度の概要と契約締結の要否

① 組織変更

　組織変更とは、会社が法人格の同一性を保持しながら組織を変更する行為です。会社法は、株式会社から持分会社へ変更する場合と、持分会社から株式会社へ変更する場合の2つのパターンを定めています（会社法2条26号、743条、744条、746条）。

　組織変更は会社が単独で行うものなので、他社との契約締結は問題となりません。組織変更の手続においては、組織変更計画の作成が必要となります（会社法743条）。

② 合併

　合併とは、複数の会社が合併契約を締結して行う行為です。合併には、吸収合併と新設合併の2つの種類があります。吸収合併は、当事者である会社のうちの1社が存続して他の会社が解散するタイプの合併です（会社法2条27号）。新設合併は、当事者である会社の全部が解散して新会社を設立するタイプの合併です（会社法2条28号）。実務上は、吸収合併がよく利用されています。

　合併手続においては、合併契約の締結が必要です（会社法748条）。

③ 会社分割

　会社分割とは、株式会社や合同会社が、その事業に関して有する権利義

務の全部または一部を、分割後他の会社（承継会社）に承継させ、または分割により設立する会社（設立会社）に承継させる再編行為です（会社法2条29号、30号）。承継させる相手方が既存の他の会社である場合を吸収分割といい、新たに設立する会社である場合を新設分割といいます。

吸収分割の手続では、合併と同様、当事者間の契約（吸収分割契約）の締結が必要です（会社法757条）。他方、新設分割の手続では、新設分割計画の作成が必要です（会社法762条）。

④ 株式交換

株式交換とは、株式会社が発行済株式の全部を他の株式会社または合同会社に取得させることです（会社法2条31号）。例えば、甲株式会社の全株式が乙株式会社に移転して、乙株式会社が甲株式会社の完全親会社となるケースです。つまり、乙株式会社が甲株式会社を完全子会社とすることを目的とする組織再編行為なのです。

株式交換の手続においては、合併の場合と同様、株式交換契約を締結することが必要です（会社法767条）。

⑤ 株式移転

株式移転とは、1または2以上の株式会社が発行済株式の全部を新たに設立する株式会社に取得させることです（会社法2条32号）。これも、株式交換と同様、完全親子会社関係を作出することを目的とする組織再編行為です。例えば、甲株式会社の株主の有する全株式が、新設される乙株式会社に移転するケースです。

株式移転の手続では、株式移転計画の作成が必要です（会社法772条）。

2 合併契約書の作成上の注意点

では、次に、組織再編行為の中でも実務的に最重要と思われる合併契約書の作成上の注意点について説明します。

（1）法定の記載事項

合併契約書に記載すべき法定事項は、次のとおりです（会社法749条、751条、753条、755条参照）。なお、合併契約の必要的記載事項に瑕疵がある場合（例えば、記載がない場合や記載が違法な場合等）、合併契約は原則として無効と解されています。

① 全当事者の表示（商号および住所）
② 合併条件（交付される対価の種類や総額等、割当てに関する事項（割当比率））
③ 存続会社や新設会社の組織、体制（新設会社の定款や役員等、資本金や準備金の額に関する事項）
④ 吸収合併の効力発生日

（２）法定事項以外の記載事項

　合併契約書には、法定事項の他にも次のような事項が記載されるのが通常です。これらは合併契約の法定記載事項ではないので、会社法の規定する合併承認決議の対象ではありません。

① 効力発生日前の剰余金配当等の限度額に関する事項
② 存続会社の定款変更に関する事項
③ 存続会社の取締役、監査役に関する事項
④ 退職取締役、退職監査役の退職慰労金に関する事項
⑤ 合併承認総会の期日
⑥ 効力発生日までの各当事者の善管注意義務に関する事項
⑦ 契約解除や合併条件変更等に関する事項

3 贈与

Q：
　知人から土地を無償でもらうことになりましたが、契約書は作らなくてもよいでしょうか？

A：
　法律上、贈与契約は合意のみで成立するので、契約書はなくても有効です。しかし、後日の紛争回避という点から、「贈与契約書」を作成するのがよいでしょう。

POINT：

　書面によらない贈与は、未履行部分を撤回できるとされています。受贈者にとっては、贈与契約書の作成は、この撤回を封じておくという実践的な意味を持っています。

【贈与契約書サンプル】

　　　　　　　　　　　　贈与契約書　※1

　贈与者〇〇〇〇（以下「甲」という）と受贈者△△△△（以下「乙」という）は、甲所有の別紙物件目録記載の不動産（以下「本件土地」という）について、以下のとおり贈与契約を締結する（以下「本契約」という）。※1

第1条（贈与の合意）※2
　　甲は、乙に対し、本件土地を贈与し、乙はこれを受諾する。
第2条（引渡し）
　　甲は、乙に対し、本件土地を平成〇〇年〇〇月〇〇日限り、現状有姿の状態で引き渡す。※3
第3条（登記手続）

　　　　　甲は乙に対し、平成〇〇年〇〇月〇〇日限り、本件土地の所有権
　　　　移転登記手続を行う。この場合の登記手続費用は乙の負担とする。
　　　　　　　　　　　　　　　　　　　　　　　　　　　　　　　※4
第4条（公租公課の負担）※5
　　　　本件土地の公租公課は、平成〇〇年1月1日を基準として日割計
　　　算し、本契約日の前日までの分を甲が、本契約日以降の分を乙が負
　　　担する。
第5条（契約費用の分担）※6
　　　　本契約に関する費用は乙の負担とする。
第6条（合意管轄）
　　　　本契約に関する訴訟については、〇〇地方裁判所を第一審管轄裁
　　　判所とすることを合意する。※7

　本契約の成立を証するため、本書2通を作成し、甲乙署名捺印の上、
甲乙各1通を所持する。

　平成〇〇年〇〇月〇〇日
　　（甲）住所
　　　　　贈与者　氏名　　　　　　　　　　印

　　（乙）住所
　　　　　受贈者　氏名　　　　　　　　　　印

※1　誤解防止のために、タイトルや前文で贈与契約書であることを明示すると
　　よいでしょう。
※2　「贈与し」の部分を、民法の条文を引用して「無償で与え」としても構いま
　　せん。
※3　売買の場合と比べると、贈与の場合には現状有姿で引き渡すことが多いよ
　　うです。もちろん、測量等により境界を明確化する場合や抵当権等の担保
　　を抹消する場合には、その旨を記載します。
※4　後日の紛争予防のために、登記手続費用の負担者が誰かを必ず記載しましょ

※5 不動産に関する贈与の場合は、固定資産税等の公租公課について、贈与者と受贈者の負担の割合を決める必要があります。通常は、日割計算で行います。

※6 贈与は無償契約であり、売買等の有償契約の場合のような契約の費用の分担に関する規定（民法558条、559条）がないので、後日の紛争回避のために記載しておくのが望ましいでしょう。ここでは受贈者の負担とするとしていますが、贈与者負担でも折半でも構いません。

※7 後日の紛争予防のために、合意管轄条項を記載するとよいでしょう。

1　贈与の意義・性質

贈与とは、当事者の一方が自己の財産を無償で相手方に与える契約です（民法549条）。贈与は、①当事者の合意だけで成立する（諾成契約）、②当事者の一方だけが債務を負担する（片務契約）、③無償で行う（無償契約）、④契約成立に特に方式を要しない（不要式契約）等の性質を有する契約です。

なお、他人の物を贈与する契約も有効と解されています。

2　贈与の効果

贈与契約が成立すると、贈与者は、贈与契約によって負担した債務を履行する義務を負います。贈与は片務契約なので、受贈者は債務を負担しません。

贈与は無償の契約、つまり贈与者は対価を受けないので、贈与者に担保責任を負わせるのは不公平です。そこで、贈与者は、贈与の目的である物や権利の瑕疵または不存在について、原則として担保責任を負いません（民法551条1項本文）。ただし、贈与者がその瑕疵または不存在を知りながら受贈者に告げなかったときは担保責任を負うとされています（民法551条1項但書）。

3　書面によらない贈与の撤回

贈与が書面によらずになされた場合、原則として、各当事者は撤回することができます。ただし、履行の終わった部分については撤回できません（民法550条）。

撤回できないとされる「履行の終わった部分」とは、例えば、動産につい

ては目的物の引渡しがあった場合がこれに該当し、不動産については目的物の引渡しがあった場合または登記が完了した場合を指します。

逆に、書面による贈与は撤回できません。したがって、贈与契約書を作成した場合には撤回できません。

4　負担付贈与

贈与は、受贈者に一定の給付をなす債務を負担させる形で行うこともできます。これを負担付贈与といいます。

例えば、賃貸不動産を息子に贈与して、家賃を贈与者に与えることを負担とする場合、息子に株式を贈与して、配当金の一部を贈与者に与えることを負担とする場合、養親が不動産を養子に贈与して、養子が養親の老後の扶養を行うことを負担とする場合等です。

負担付贈与の場合、贈与者は負担の限度で担保責任を負い（民法551条2項）、双務契約に関する規定が準用されます（民法553条）。

5　贈与契約書の作成上の注意点

（1）贈与契約書作成の意味

贈与は当事者の合意のみで成立するので、法律上、契約書の作成は不要です。しかし、他の契約と同様、後日の紛争回避という観点からは、贈与契約書を作成するのがよいでしょう。

ところで、上記のとおり、書面によらない贈与の場合は未履行部分を撤回できるとされています。逆にいうと、贈与契約書を作成すれば、この撤回ができなくなるのです。

つまり、贈与契約書は、一般論として後日の紛争回避という意味を持つだけでなく、未履行部分の撤回を封ずる効果を持つ、という実践的な意味を持っているのです。

（2）負担付贈与の負担内容

負担付贈与の場合には、負担の内容を具体的に明記することが必要です。

4　遺産分割協議書

Q：
　父が死亡しました。相続人はA、B、Cの3人です。亡父には、土地、建物、預金等の遺産があります。相続人の3人で相談して、遺産分割の協議がまとまりました。遺産分割協議書を作成するときには、どのようなことに注意すればよいですか？

A：
　遺産分割協議書を作成する場合、協議の結果を具体的に、正確に記載することが重要です。

POINT：
　不動産登記手続や金融機関の手続の関係上、実印を押捺して印鑑証明書を添付するのが通例です。

【遺産分割協議書サンプル】

遺産分割協議書　※1

　被相続人〇〇〇〇（平成〇〇年〇〇月〇〇日死亡）の相続人であるA、B、Cは、被相続人の遺産を次のとおり分割することに同意する。
　　　　　　　　　　　　　　　　　　　　　　　　　　　　※1、※2

第1条　相続人Aは次の遺産を取得する。※3
　1　不動産　※4
　　①　土地
　　　　所在
　　　　地番

第4章　その他　　143

　　　　　地目
　　　　　地積
　　② 建物
　　　　　所在
　　　　　家屋番号
　　　　　種類
　　　　　構造
　　　　　床面積
　2　○○銀行○○支店の被相続人名義の普通預金（口座番号……）※5
第2条　相続人Bは次の遺産を取得する。
　1　□□銀行□□支店の被相続人名義の普通預金（口座番号……）
　2　△△銀行△△支店の被相続人名義の定期預金（口座番号……）
第3条　本協議書に記載なき遺産ならびに後日判明した遺産は、相続人
　　　Cがすべてこれを取得する。　※6

　本協議の成立を証するため本協議書3通を作成し、各相続人が署名捺印して各1通宛所持する。

　平成○○年○○月○○日
　　上記相続人　住所
　　　　　　　　氏名　　A　　　　　印　※7
　　同　　　　　住所
　　　　　　　　氏名　　B　　　　　印
　　同　　　　　住所
　　　　　　　　氏名　　C　　　　　印

※1　タイトルや前文で遺産分割協議書であることを明記します。
※2　前文で、被相続人と相続人の氏名を表示します。相続開始時を明確にするため、被相続人の死亡の日付も記載します。
※3　相続人の誰が、どの遺産を取得するのかを明確に記載します。
※4　不動産の表示は、登記簿謄本の記載どおりに記載します。
※5　預金の表示は、金融機関名、支店名、預金の種類、口座番号、口座名義等

で特定します。
※6　遺産分割協議書に記載のない遺産は、遺産分割協議書の対象外となるので、改めて記載なき遺産についての遺産分割協議が必要になってしまいます。そのような事態を回避するため、万一に備え、実務上はこのような文言を記載するのが通例です。
※7　捺印は、不動産登記手続や金融機関の手続の関係上、実印を使用して印鑑証明書を添付します。

1　遺産分割の意義

相続が開始すると、相続人は、被相続人の財産に属した一切の権利義務を承継しますが（民法896条）、相続人が数人いる場合は、相続財産はその共有に属することになります（民法898条）。ただし、この共有状態は遺産分割がなされるまでの暫定的なものであり、共有相続財産は、遺産分割手続によって各相続人に具体的に帰属することになります。

2　遺産分割の方法

遺産分割の方法は、まず、①遺言による分割方法の指定（指定分割。民法908条）があればそれに従い、それがなければ、②共同相続人の協議（協議分割。民法907条1項）によって分割しますが、協議が不調のときは、③家庭裁判所による分割（民法907条2項）によって分割します。家庭裁判所による分割には、調停分割と審判分割があります（家事審判法9条1項乙類10号、11条、17条以下、26条）。

このうちの②の共同相続人の協議が調ったときに、その内容を書面に記載したものが遺産分割協議書です。

3　遺産分割協議書の作成上の注意点

（1）協議書作成の重要性と正確な記載の必要性

遺産分割協議書は、法律上、方式や記載内容について特に規定はありません。しかし、遺産分割協議は、共有相続財産を各相続人に具体的に帰属させるという重要な意味を持つものなので、遺産分割協議書には、協議の結果を具体的に正確に記載する必要があります。また、実務上、遺産分割協議書は、不動産の登記手続や預金の名義変更・解約払戻し手続において

必要な添付書類となるので、不正確な記載のないように十分な注意が必要です。
（2）作成方法
　遺産分割協議書は、全相続人が署名捺印して、相続人の人数分を作成して、各相続人が1通ずつ保有します。
　捺印は、不動産登記手続や金融機関の手続の関係上、実印を使用して印鑑証明書を添付します。

5　遺言書

Q：
遺言書を作ろうと思っています。どのような点に注意すればよいですか？
A：
遺言をする場合、法律の定める方式に従わなければなりません。方式違反の遺言は、無効となります。遺言の方式としてよく利用されているのは、自筆証書遺言と公正証書遺言です。

POINT：
自筆証書遺言は、簡単に作成することができ費用もかからないというメリットがありますが、方式の不備や偽造のおそれがある上、検認が必要というデメリットがあります。それらのデメリットのない公正証書遺言の方が、紛争防止という観点からは、好ましいといえます。

【自筆証書遺言サンプル】

※　自筆証書遺言は、遺言者が遺言書の全文、日付、氏名を自署して押印するタイプの遺言です。

遺　言　書　※1

　遺言者○○○○は、次のとおり遺言する。※2

第1条　遺言者○○○○は、その所有する次の土地を長男Aに相続させる。
　　　　所在
　　　　地番
　　　　地目
　　　　地積　　　　※3
第2条　遺言者○○○○は、……（以下省略）
第○条　……　　※4

　平成○○年○○月○○日　※4
　　　住所
　　　　　遺言者　　　　　　　　　印　※4、※5

※1　遺言書であることを明示するため、タイトルを記載するのが通例です。
※2　前文は省略してもかまいません。
※3　不動産の表示は登記簿謄本の記載どおりに書いて特定します。
※4　自筆証書遺言は、全文、日付、氏名を自署しなければなりません（民法968条1項）。ワープロ、タイプライターで作成した遺言書は無効です。加除その他の変更をする場合は、遺言者がその箇所を指示して、これを変更した旨を付記して、特にこれに署名して、変更箇所に押印しなければなりません（民法968条2項）。

※5　自筆証書遺言は、押印しなければなりません（民法968条1項）。押印は実印でも認印でもよく、拇印を認めた判例もあります。

【公正証書遺言サンプル】

※　公証人の作成する公正証書遺言は概ね次のようなスタイルで作成されます。遺言者は、遺言内容を公証人に口述して、最後に署名押印するだけです。

平成〇〇年第〇〇〇号

遺言公正証書

　本職は、遺言者〇〇〇〇の嘱託により、後記証人の立会いのもとに、遺言者の口述を筆記して、この証書を作成する。

第1条　遺言者は、その所有する下記不動産を、遺言者の長男Ａ（昭和〇〇年〇〇月〇〇日生）に相続させる。

記

　　所在
　　地番
　　地目
　　地積

第2条　遺言者は、……（以下省略）

以上

本旨外要件

　　住所
　　職業
　　　　遺言者　〇〇〇〇
　　　　　　　　昭和〇〇年〇〇月〇〇日生

上記は、印鑑登録証明書の提出により、人違いでないことを証明させた。

　　　　　　　　住所
　　　　　　　　職業
　　　　　　　　　　証人
　　　　　　　　　　　　　昭和〇〇年〇〇月〇〇日生
　　　　　　　　住所
　　　　　　　　職業
　　　　　　　　　　証人
　　　　　　　　　　　　　昭和〇〇年〇〇月〇〇日生

　以上のとおり読み聞かせたところ、一同その記載に誤りがないことを承認し、次に署名押印する。

　　　　遺言者　　　　　　　　　印
　　　　証　人　　　　　　　　　印
　　　　証　人　　　　　　　　　印

　この証書は、平成〇〇年〇〇月〇〇日、本職役場において、民法第969条第１号ないし第４号に定める方式に従って作成し、同条第５号に基づき、本職が次に署名押印する。

　　〇〇地方法務局所属
　　　　公証人　　　　　　　　印

（1）相続分の指定（民法902条）

【相続分を指定する場合の文面サンプル】

> 遺言者は、次のとおり相続分を指定する。
> 1　長女○○○○（昭和○○年○○月○○日生）　○分の○
> 2　次女○○○○（昭和○○年○○月○○日生）　○分の○
> 3　三女○○○○（昭和○○年○○月○○日生）　○分の○

（2）遺産分割方法の指定（民法908条）

【全財産を相続させる場合の文面サンプル】

> 遺言者は、その所有する一切の財産を遺言者の長女○○○○（昭和○○年○○月○○日生、住所：東京都……）に相続させる。

（3）遺産分割方法の指定

【不動産を相続させる場合の文面サンプル】

> 遺言者は、その所有する次の不動産を遺言者の妻○○○○（昭和○○年○○月○○日生、住所：東京都……）に相続させる。
> 1　土地
> 　　所在
> 　　地番
> 　　地目
> 　　地積
> 2　建物
> 　　所在
> 　　家屋番号
> 　　種類
> 　　構造
> 　　床面積

（４）遺産分割方法の指定

【代償金の支払をさせる場合の文面サンプル】

> 遺言者の長女〇〇〇〇は、前条の財産を取得する代償として、次女〇〇〇〇および三女〇〇〇〇に対し、それぞれ代償金〇〇〇〇万円を支払う。

（５）遺産分割の禁止（民法908条）

【遺産分割の禁止をする場合の文面サンプル】

> 遺言者は、遺言者の遺産全部について、その分割を相続開始の時から〇年間、禁止する。

（６）相続人の廃除（民法893条）

【特定の相続人を廃除する場合の文面サンプル】

> 長男〇〇〇〇は、遺言者を頻繁に侮辱し、暴行を加えるなど虐待するので、遺言者は同人を相続人から廃除する。

（７）包括遺贈（民法964条）

【遺産の全て或いは配分割合を指定する場合の文面サンプル】

> 遺言者は、一切の財産を、〇〇〇〇（昭和〇〇年〇〇月〇〇日生、住所：東京都……）に遺贈する。

（８）特定遺贈

【特定の遺産を指定する場合の文面サンプル】

> 遺言者は、次の財産を〇〇〇〇（昭和〇〇年〇〇月〇〇日生、住所：東京都……）に遺贈する。

（9）遺言執行者の指定（民法1006条）

【遺言執行者を指定する場合の文面サンプル】

> 遺言者は、本遺言の遺言執行者として、次の者を指定する。
> 　住所
> 　職業
> 　氏名
> 　　　昭和〇〇年〇〇月〇〇日生

（10）祭祀主宰者の指定（民法897条1項）

【葬式・法事等の主宰者を指定する場合の書式サンプル】

> 遺言者は、祭祀主宰者として、〇〇〇〇を指定する。

1　遺言の意味と法的性質

　遺言（一般的には「ユイゴン」と言われていますが、法律概念としては「イゴン」と読むのが慣例です。したがって、弁護士等実務家は遺言という場合が多いです）は、被相続人の最終意思を尊重する制度です（民法960条以下参照）。

　遺言は相手方のない単独行為（1人の一方的な意思表示で成立する法律行為）です。この点、当事者の意思表示が合致して成立する契約とは法的性質を異にしています。

　遺言をするには遺言能力（遺言の内容と法律効果を理解判断できる能力）が必要であり（民法963条）、遺言能力を欠く者の遺言は無効です。15歳に達した者には遺言能力が認められます（民法961条）。また、民法の行為能力に関する規定（民法5条、9条、13条、17条）は遺言には適用されません（民法962条）。

　また、遺言をする場合、法律の定める方式に従わなければなりません（要

式行為。民法960条)。この方式違反の遺言は無効です。

　なお、遺言者はいつでも遺言の方式に従って、遺言の全部または一部を撤回することができます（遺言撤回の自由。民法1022条）。遺言は、被相続人の最終意思を尊重する制度だからです。

2　遺言の種類

（1）遺言の種類

　遺言には大別して、「普通方式による遺言」と「特別方式による遺言」の2つの方式があり（民法967条）、さらに「普通方式の遺言」には、自筆証書遺言、公正証書遺言、秘密証書遺言の3つ（民法968条～990条）が、「特別方式の遺言」には、一般危急時遺言、難船危急時遺言、一般隔絶地遺言と船舶隔絶地遺言の4つ（民法976条～979条）があります。

　これらのうち、よく利用されるのは自筆証書遺言と公正証書遺言です。

（2）自筆証書遺言と公正証書遺言のメリット、デメリット

　自筆証書遺言は、遺言者が遺言書の全文、日付、氏名を自署して押印するだけで成立するので、簡単で費用も要らず利用しやすいというメリットがあります。しかし、方式の不備や偽造・変造のおそれがある上、遺言書の検認（民法1004条）が必要とされるというデメリットがあります。

　公正証書遺言とは、遺言者の口述する遺言の趣旨を公証人が筆記し、遺言者および証人が承認して署名押印し、公証人が署名押印する方式で作成される遺言のことです。これは、公証役場での手続が複雑で費用がかかる上、内容を秘密にできないというデメリットがあります。しかし、自筆証書遺言の場合と異なり、後日、方式の不備や、遺言書の紛失、毀損、偽造等が問題となるおそれが少なく、また、検認が不要というメリットがあります。

　後日の紛争回避という観点からは、自筆証書遺言よりも公正証書遺言の方が優れています。

3　遺言書作成上の注意点

　遺言書を作成する場合には、次の点に注意する必要があります。

（1）相続人と相続財産（遺産）の範囲の確定

　遺言書を作成するには、相続人の範囲（相続関係）と相続財産（遺産）

の範囲を確定することが前提となります。

相続人の範囲を確定するには、戸籍謄本、除籍謄本等の資料を参考にする必要があります。

相続財産（遺産）の範囲を確定するには、例えば不動産の場合であれば、権利証、不動産登記簿謄本、固定資産評価証明書、固定資産税納税通知書、名寄帳等の資料を参考にします。

（2）法定遺言事項の記載

遺言は法定事項に限り行うことができ、法定事項に該当しない内容の遺言は原則として無効と解されています。

法定遺言事項には次のものがあります。なお、⑭と⑮は解釈上認められているものです。また、⑤、⑦、⑧、⑨、⑩、⑭、⑮については執行行為（遺言の内容を実現する手続）が必要です。

① 相続分の指定、指定の委託（民法902条）
② 遺産分割方法の指定、遺産分割の禁止（民法908条）
③ 特別受益の持戻し免除（民法903条3項）
④ 共同相続人間の担保責任の減免・加重（民法914条）
⑤ 相続人の廃除、廃除の取消（民法893条、894条）
⑥ 遺留分減殺方法の定め（民法1034条）
⑦ 遺贈（民法964条）
⑧ 一般財団法人設立の定款作成（一般法人法152条）
⑨ 信託の設定（信託法3条）
⑩ 認知（民法781条2項）
⑪ 未成年後見人の指定（民法839条）
⑫ 未成年後見監督人の指定（848条）
⑬ 遺言執行者の指定（民法1006条）
⑭ 祭祀主宰者の指定（民法897条1項）
⑮ 生命保険金の受取人の指定、変更

（3）付言事項の活用

遺言書に、遺言の趣旨、遺族への希望、遺訓、家訓等（これらを「付言事項」といいます）を記載することがよくありますが、付言事項には法的

拘束力はありません。しかし、事実上の効果を期待して遺言書に記載することは可能であり、紛争回避という観点からは、付言事項の記載が望ましい場合もあります。

（４）遺留分への配慮

　遺留分とは、遺留分権利者のために法律上遺留しておかなければならないとされる遺産の一部のことです。遺留分権利者は、配偶者、子、直系尊属です（兄弟姉妹は遺留分権利者ではありません）。

　遺留分は、直系尊属のみが相続人である場合は、被相続人の財産の３分の１、それ以外の場合は、被相続人の財産の２分の１です（民法1028条）。

　遺留分が侵害された場合、遺留分減殺請求権（民法1031条）の対象となりますが、遺留分を侵害する遺言書が当然に無効となるわけではありません。しかし、紛争回避という観点からは、遺言書作成に際し、遺留分を侵害しないように配慮すべきでしょう。

　遺留分減殺請求権は、遺留分権利者が相続開始および減殺すべき贈与または遺贈があったことを知った時から１年間行使しないと時効消滅し（短期消滅時効。民法1042条前段）、また、相続開始時から10年が経過したときも消滅します（除斥期間。民法1042条後段）。

　なお、経営承継円滑化法（中小企業における経営の承継の円滑化に関する法律）は、「遺留分に関する民法の特例」を規定しています（経営承継円滑化法第２章）。

（５）「相続させる」遺言の問題点

　遺言によって財産を推定相続人に取得させる場合、遺言書に「相続させる」という表現を記載することがよくあります。この「相続させる」遺言の効力については、特定の遺産を特定の相続人に帰属させる遺産分割方法を指定する遺言（民法908条）であると解されています。なお、不動産を「相続させる」と記載した遺言の場合、相続人は単独で登記申請可能と解されているので、遺言執行者は不要ではないかという問題がありますが、実務上は遺言執行者を指定しているようです。

（６）相続財産の特定方法

　遺言書の記載上、相続財産を特定することが必要です。遺言の対象財産

が特定していないと、せっかく遺言書を作成しても無駄になるおそれがあります。例えば、預貯金については銀行名、支店名、預金の種類、口座番号、口座名義を明記し、不動産については不動産登記簿謄本の記載どおりに表示します。

（7）遺言書に記載のない相続財産の回避

　遺言書に記載のない相続財産は遺言の対象外となってしまいます。紛争回避のためには、遺言書に「その他一切の財産は○○に相続させる」旨の条項を記載しておくとよいでしょう。

（8）遺言執行者の指定

　遺言の内容が執行を要する場合には遺言執行者が必要となります。遺言執行者は、①遺言による指定、指定委託（民法1006条1項）があった場合、②家庭裁判所によって選任（民法1010条）された場合の2つのケースで選任されます。紛争予防の観点からは、①の方法を採用して、遺言書の中に遺言執行者の指定文言を記載するのがよいでしょう。

　なお、未成年者、破産者は、遺言執行者になることができませんが（民法1009条）、相続人、受遺者、法人（信託会社等）は遺言執行者となることができます。

（9）公証役場との相談

　公正証書遺言を作成する場合、事前に公証役場に連絡して、その後の手順（遺言書案の検討、必要書類、証人の手配等）や費用等を相談すると、その後の作業がスムーズに進みます。